**평양에서 서울로
카톡을 띄우다**

2018년 12월 10일 초판 1쇄 찍음
2018년 12월 20일 초판 1쇄 펴냄

지은이   최재영
펴낸이   이상
펴낸곳   가갸날
주소   경기도 고양시 일산동구 강선로 49 BYC 402호
전화   070.8806.4062
팩스   0303.3443.4062
이메일   gagyapub@naver.com
블로그   blog.naver.com/gagyapub
페이지   www.facebook.com/gagyapub
디자인   강소이

ISBN   979-11-87949-28-2 (03340)

이 도서의 국립중앙도서관 출판시도서목록(CIP)은 서지정보유통지원시스템 홈페이지
(http://www.nl.go.kr/cip.php)와 국가자료공동목록시스템(http://www.nl.go.kr/kolisnet)에서
이용하실 수 있습니다.(CIP제어번호: CIP2018037146)

평양에서 서울로 카톡을 띄우다

**우리가
너무나 몰랐던
북녘의 오늘**

최재영

가갸날

책을 펴내며

남과 북이 분단된 지 어느덧 70년이 넘었고 속절없이 몇 년이 또 흘렀다. 이별이 너무 길다. 남과 북을 셔틀 왕래할 때마다 가장 먼저 이산가족들이 눈에 걸렸다. 아마 그들은 전 세계 역사상 최초, 최대, 최악의 이데올로기 희생자들일 것이다. 그러나 절망적이지 않다. 올 봄에 남과 북의 지도자들이 만나 역사적인 4·27 판문점선언을 성사시켰다. 삼세번이다. 6·15선언과 10·4선언에 이은 세 번째 기회다. 하늘이 내려준 절호의 기회를 놓치면 안된다. 이제는 민족공조를 이뤄 통일의 길목에 들어서야만 한다.

우리는 일본을 가깝고도 먼 나라라고 일컫는다. 하지만 아프리카보다 더 먼 곳이 있다. 우리가 흔히 '북한'이라고 부르는 '조선민주주의인민공화국'이다. 그러나 나는 재미교포라는 신분으로 금단의 땅처럼 여겨지는 북녘땅을 기회가 주어지는 대로 열심히 다녔다.

나에게는 '분단 이후 최초'라는 수식어가 여럿 따라 다닌다. '분단 이후 최초로 남과 북의 국립묘지를 모두 탐방한 사람', '분단 이후 북측의 여러 교회에서 가장 많이 설교한 사람', '분단 이후 현존하는 북측 종교시설을 가장 많이 방문한 사람', '분단 이후 가장 먼저 전파의 장벽을 깨고 서울로 카톡과 페이스북을 날린 사람', '북측으로부터 전승기념일(정전협정일) 60주년 기념설교를 초청 받아 사전 원고 검열 없이 메시지를 전한 사람' …

다시금 가슴에 손을 얹고 생각해본다. 과연 나는 저 북녘땅에 대해 무엇을 알고 있는가? 거주하는 인구의 숫자보다 더 많은 폭탄이 투하되어 불바다가 된 평양 시민들의 처절한 고통을 나눠본 적이 있었던가? 폐허의 잿더미를 딛고 일어서려는 그들을 위해 삽 한 자루 들어본 적이 있었던가? 전무후무한 대홍수와 가뭄, 냉해로 최악의 식량난이 발생했을 때 주린 배를 움켜쥐며 초근목피로 연명하던 북녘 동포들을 위해 죽 한 그릇 정성스레 대접한 적이 있었던가?

전후 65년이 넘는 지금까지 각종 제재와 고립정책에도 굴하지 않고 인동초처럼 견뎌낸 북녘 동포들을 생각하면 가슴 깊은 곳으로부터 애잔한 통증이 밀려온다. 그들은 미국의 압박을 온몸으로 받아내면서도 비겁하거나 구차하지 않고 의연하게 살아왔다. "최선생님, 미국이나 남조선에 가시면 그저 있는 사실 그대로만 알려주십시오. 더 보탤 것도 뺄 것도 없습니다. 들은 대로 보신 대로만 적어주십시오." 작별 인사를 나눌 때마다 북측 안내원들이 나에게 당부하는 말이었다.

사실 나는 북측 당국자들에게 골칫덩어리 그 자체였다. 방북자들에게 천편일률적으로 보여주는 일반적인 참관 코스를 따르기보다 내가 직접 코스를 짜는 다소 무모한 일정을 주장하곤 했기 때문이다. 나는 진실로 조선민주주의인민공화국의 속살을 들여다보고 싶었고, 인민들의 숨결을 느끼고 싶었다. 가고 싶은 곳에 가서 보이는 대로 보고, 느끼는 대로 느끼고 싶었다. 그런 까닭에 다소 무리한 요구사항을 관철하거나 일정을 조율하는 과정에서 호텔 빈 방에서 속절없이 기다려야 하는 외로움을 견뎌야 했으니, 이 책의 내용은 모두 그 무모함의 결과물이다.

북녘땅은 안내원 등이 동행하지 않은 채 방북자 단독으로는 아무

활동도 할 수 없는 시스템이다. 그러나 나는 북녘의 방방곡곡을 누비며 볼 것, 못 볼 것 다 봤다. 통일의 상대인 북녘 사회를 이해하려면 상대의 입장과 눈높이에서 바라보는 내재적 접근이 필요하다. 나는 때로는 냉철한 기자의 눈빛으로, 때로는 의혹을 가득 품은 검사의 매서운 눈초리로, 때로는 자비한 목자의 그윽한 시선으로 바라보고자 했다. 방문 현장을 매번 영상으로 꼼꼼히 담고 메모해두었다가 객관적인 분석을 통해 실체적 진실에 다가가려 하였다. 있는 사실 그대로를 통일지향적인 관점에서 민족의 앵글로 담아냈다고 자부한다.

이 책은 짧은 기간 안에 나름대로 분단의 벽을 허물고자 다양한 프로젝트를 세워 안간힘을 써온 이야기들이다. 나의 이런 행동이 자칫 상징적인 퍼포먼스처럼 비칠지도 모르겠다. 우리 앞에는 이념의 장벽, 종교의 장벽, 전파의 장벽, 휴전선 철조망 등 여러 장벽이 놓여 있다. 나의 글이 민족화해와 자주통일의 방향을 고민하는 작은 증언이 되기를 바라는 마음 간절하다.

북녘땅을 밟는다는 것은 언제나 그 자체만으로도 알 수 없는 흥분과 기대감, 그리고 긴장감을 마주하게 된다. 누구라도 북녘땅을 쉽사리 찾는 날이 조만간 올 것이다. 북녘 사회를 올바로 대면하기 위해서는 우리 마음속의 돌덩이 같은 고정관념을 깨뜨려야 한다. 이 책은 가장 최근의 북녘 사회의 변화를 담고 있다. 편견 없이 북녘 사회를 이해하는 데 도움이 되었으면 싶다.

2018년 11월
최재영

차례

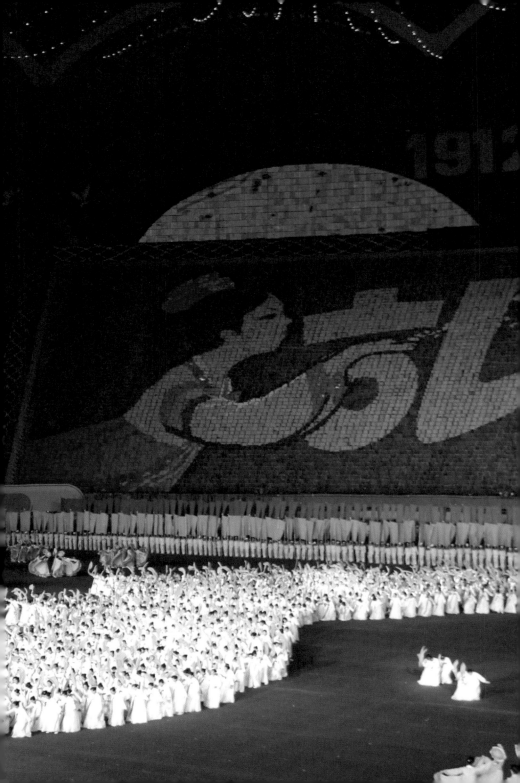

평양에서 보낸 카톡을 받은
사람들은 한결같이 처음에는
장난으로 알고 믿지 않았다.
실제 상황임을 깨달은 후에는
놀라서 어안이 벙벙해하였다.
내가 카톡 단답을 요청하자
그들 모두 간단한 답변을
날려주었다.

이로써 나는 평양 하늘 아래서
서울을 향해 마음껏 카톡과
페이스북 메시지를 날릴 수 있었다.
반대로 서울에서 보내준
카톡 답장을 아무런 문제없이
평양에서 즉시 받을 수 있었다.

1부

1. 평양에서 서울로 카톡을 띄우다

평양에 도착해 주말을 보낸 다음에 공식 일정이 시작되는 월요일 아침이었다. 식사를 하던 중 한국과 미국에 급히 연락할 일이 생각났다.

노인병원 중환자실에 누워 계신 구순이 지난 모친의 건강이 위중한 상황이라 신속히 상태를 확인해야 했다. 엎친 데 덮친 격으로 장모님까지 뇌졸중으로 쓰러져 안부가 걱정되었다. 미국에 있는 아내에게도 수표가 보관된 장소를 알려주어야 했다. 매월 1일이면 아파트 렌트비를 납부해야 하는데, 수표를 써놓고 그만 보관한 장소를 아내에게 알리지 못하고 떠나왔던 것이다.

또한 방북 일정을 마친 다음에는 한국을 방문해야 했다. 인천공항에 도착하는 날 저녁 서울 흥사단 강당에서 강연회를 갖는 것을 시작으로 전국 투어 강연과 언론 인터뷰가 예정되어 있었다. 평양 체류기간 중에도 한국과 미국에 지속적으로 연락을 취해야 하는 상황이었다.

"안내원 선생, 미국과 한국에 긴급히 연락할 일이 생겼으니 아무래도

1.1____이북에서 2014년 출시한 태블릿 PC '노을'. 게임, 외국어 등의 앱이 탑재되어 있다.

오늘 시간을 좀 내서 고려링크 통신국에 가야 할 듯합니다."

"아, 필요하시다면 그렇게 하시지요. 그런데 손전화(핸드폰)로 사용하는 국제전화와 인터네트가 생각보다 료금이 비싼 것은 잘 알고 계시지요?"

나는 고개를 끄덕였다. 그리고 안내원을 통해 담당부서에 외국인 전용 모바일 심카드 구입을 요청했다.

다른 때는 호텔 객실에 연결된 유선 인터넷을 노트북 PC와 연결해 30분당 얼마의 사용료를 지불하고 사용해왔다. 하지만 이번에는 노트북을 가져오지 않아 모바일 전용 심카드를 구입해야 하는 처지가 되었다.

WCDMA 방식이
아니라는 이유로

안내원은 삼성 제품인 내 스마트폰을 달라고 하더니 이리저리 만지작거리며 기능과 버전을 확인하기 시작했다. 머리가 우수한 신세대 안내원이다 보니 외국인 전용 이동통신 서비스나 기능을 제법 잘 아는 눈치였다.

그는 내 폰을 해체해 배터리가 끼워진 뒷면에 적힌 코드와 사양을 확인하더니, 이내 고개를 갸우뚱거리며 WCDMA(광대역 부호분할 다중접속) 방식이 아니라서 심카드를 사용할 수 없는 기종이라고 알려줬다. 미국이나 한국은 주로 CDMA(코드분할 다중접속) 방식인 반면, 중국과 북한에서는 WCDMA 방식을 사용한다는 것은 잘 알고 있었다.

"최목사님의 손전화는 저희와 같은 WCDMA 방식이 아니라서 고려링크 통신국에 가지고 가봐야 어차피 사용할 수 없습니다."

"무슨 소리예요? 나도 무선인터넷과 스마트폰에 대한 정보는 어느 정도 아는 편인데…. 삼성이 남조선 제품인 것은 아시지요? 이 손전화는 '4G LTE' 기능입니다. WCDMA 방식을 초월하기 때문에 심카드만 구입하면 평양에서도 문제없이 인터넷 사용이 가능한 것으로 알고 있어요."

"아, 아무튼 저는 WCDMA 방식이 아니면 무조건 안되는 것으로 알고 있습니다. 혹시 급하게 연락하실 일이 있으면, 저희가 잘 아는 중국동포 사업가에게서 손전화를 잠시 빌려올 테니, 그걸 사용하십시오.”

“남의 전화기를 신세지면 되나요. 서로가 불편해서 안됩니다. 성의는 고맙지만 이번 체류기간에는 국제전화를 빈번히 사용해야 하기 때문에, 잠시 빌리는 정도로는 안됩니다.”

“안 그러면 미국 통화는 호텔방에서 교환한테 연결해달라고 해서 사용하시고, 인터네트는 가까운 량각도호텔 통신빡스(부스)에 가서 사용하시면 될 텐데요.”

안내원은 자신의 손전화 뒷면을 열어 ‘WCDMA’라고 쓰인 글자를 보여주며 그 같은 기종의 전화기라야 심카드 사용이 가능하다는 입장을 고수했다.

그러나 호텔의 국제전화는 남한과의 통화가 아예 차단되어 사용할 수 없으며, 호텔에 구비된 인터넷 부스는 이메일 발신 기능만 가능한데다 보안 여부도 불투명했다. 어떻게든 심카드를 구입해야 했다.

평양을 비롯한 이북의 인터넷과 와이파이 사용 실태가 어떤지 알고 싶은 이유도 컸다. 심카드를 구입하는 절차와 사용방법, 그리고 이북 주민들의 실제 사이버 활동 모습을 확인해 널리 알리고 싶었다.

고려링크가 제공하는 모바일 서비스는 인터넷 속도가 빠르고 해외 사이트 접속에도 별다른 제약을 받지 않는 것으로 알고 있었기에, 카페트(카톡, 페이스북, 트위터) 같은 인기 있는 SNS나 탱고(Tango), 스카이프(Skype), 바이버(Viber) 같은 영상통화 서비스를 제공하는 메신저가 실제 가능한지 몹시 궁금했다. 아직까지 어느 누구도 속 시원히 증명해주지 않았기 때문이다.

1.2___평양 과학기술전당 컴퓨터실.

중국 정부는 외부 세계에서 자국의 문제점을 비판하는 정보가
유입될 수 있다는 이유 때문에 아직 구글과 트위터, 페이스북 같은
매체를 제대로 허용하지 않고 있다.

우여곡절 끝에
심카드를 구입하다

이튿날 점심시간이 되자 심카드 구입을 알아보던 젊은 관리에게서
전갈이 왔다. 평양 시내 인민문화궁전 건너편에 자리 잡고 있는
고려링크 통신국 빌딩이 두 달 전부터 폐쇄되었다는 것이다. 내부 설비

공사를 하는 것 같다고 했다. 갑자기 마음이 조급해지며 안내원을
채근했다.

"그렇다면 어쩔 수 없이 순안공항에 있는 고려링크로 가서 가입해야
되겠군."

"공항에 있는 고려링크는 비행기가 도착하는 시간에만 영업을
합니다. 그리고 오늘은 비행기 착륙이 없는 날입니다."

안내원은 나를 진정시키며 공항에 나가도 소용없음을 알려주었다.

담당 관리에게 평양 시내 고려링크 통신국이 왜 폐쇄되었는지,
외국인 통신정책에 무슨 변화가 생겼는지 알아봐 줄 것을 요청했다.
저녁시간이 되자 반가운 연락이 왔다. 공사 중인 고려링크 통신국을
대신해 보통강호텔에서 통신국 업무를 본다는 소식이었다.

안내원은 심카드를 구입하려면 가입자의 '여권', 해외주재
북조선영사관에서 발급한 '비자', 선불 가입비 '미화 204달러', 그리고
'가입신청서' 등이 필요하다고 알려주었다.

이튿날 통신국에 도착하니 두 명의 여직원이 우리를 맞았다. 한
명이 내 폰을 건네받았다. 한참 매뉴얼을 만지작거리더니 내
전화기로는 심카드 사용이 안된다는 것 아닌가. 절망이 엄습해왔다.
그러자 옆에 있던 다른 직원이 의아하다는 듯 고개를 갸우뚱거리며
폰을 건네받더니 매뉴얼을 다시 확인하기 시작했다.

그럴 리는 없지만 혹시 폰 속에 내장된 매뉴얼이 영어 버전으로
되어 있어 직원들이 이해하지 못할 수도 있겠다는 생각이 들어 얼른
한글 버전으로 전환해주었다. 천만다행으로 주의 깊게 매뉴얼을

살펴본 직원은 내 폰으로도 심카드가 가능하다는 최종 결론을
내려주었다.

그제야 직원은 가입신청서 작성을 요구했고, 본격적인 세팅 작업에
들어갔다. 신청서의 앞면 상단부는 내가 작성해야 하는 부분이고,
나머지 하단부는 담당 안내원이 작성하도록 되어 있었다. 서류의
마지막 부분에는 담당 안내원이 직접 서명해야 했다. 책임부서에서
보증을 서야만 모바일 서비스 가입이 가능한 줄을 알게 되었다.

인터넷과 국제전화는 분리되어 있었다. 두 가지 모두 가입해도 되고,

1.3____이북 주민들이
사용하는 스마트폰 아리랑.
스마트폰으로 《로동신문》의
기사를 검색하고 있다.

둘 가운데 한 가지만 가입해도 되었다. 나는 두 가지 모두 가입했다. 인터넷을 가입해야만 카톡과 페이스북은 물론 이메일 송수신, 포털 사이트 검색 등을 실험해볼 수 있기 때문에 돈이 아깝다는 생각은 들지 않았다.

드디어
손전화 번호를 부여 받다

가입신청서 작성을 마치자 여직원은 내 폰에 들어 있던 심카드를 빼서 나에게 돌려주었다. 그리고 고려링크 제품의 새로운 심카드를 끼우더니 개통을 위한 매뉴얼을 작동하기 시작했다.

개통을 기다리는 동안 별의별 생각이 다 들었다. 이제는 인터넷을 사용하거나 국제전화를 할 때마다 평양통신국 중앙 서버에 내 폰의 정보가 복사되거나 체크될 수 있다는 생각이 번뜩 들었다. 순수한 의도가 아닌 다른 용도나 목적을 갖는다면 큰 불이익을 당할 수 있는 것이다. 보안 당국은 외국인 3G 휴대전화망 인터넷 서비스를 앞두고 1년 반 동안이나 고려링크사와 이 문제를 협상한 다음 가까스로 사업 승인을 해주었다고 한다. 그러니 틀림없이 2중, 3중의 보안 장치를 했을 것이다.

드디어 여직원은 북한 지역에서만 통용되는 새로운 손전화 번호를 부여해주었다. 개통 즉시 "고려링크에 가입한 것을 환영합니다…"라는 축하문자가 날아왔다. 전화 번호 숫자는 열 자리였다.

"가입절차를 모두 마쳤습니다. 남조선은 국제전화가 안되니까 그리 아십시오."

안내원은 나에게 심카드로 사용하는 국제전화는 '남조선(한국)'은 통화가 차단된다는 사실을 알려주었다. 한국을 뺀 전 세계 주요 국가들과의 통화는 모두 가능했다.

우선 심카드에 금액부터 충전했다. 다음 주 월요일에 출국할 예정이라고 하자, 내가 공항을 이륙한 직후부터는 통신 서비스가 자동으로 끊긴다고 알려주었다. 한 가지 이해되지 않는 점은 평양을 떠난 이후에도 매월 사용료를 납부해야 한다는 것이었다. 계약서를 자세히 읽어보며 해약에 대해 질문했다.

"합의서(계약서) 조항에는 왜 해약이 없습니까?"

"우리 공화국에서는 정지(해약이나 해지)라는 봉사(제도와 규정) 자체가 없습니다."

아직까지는 내부 규정상 해지가 없다며 직원들이 안타까워했다. 약간의 불만을 드러내자 해지하는 제도가 곧 생길 것 같다는 위로의 답변이 돌아왔다. 심카드를 구입하여 한번 등록하면 북을 떠난 후에도 매달 사용료를 내야 한다는 것이 도무지 납득되지 않았다.

대화를 주고받는 사이 스마트폰에는 고려링크사에서 보내는 문자들이 연신 날아왔다. 출국할 때까지 문자는 줄기차게 날아왔다. 주로 잔액을 알려주는 것과 무료 문자서비스 혜택에 관한 내용이었다.

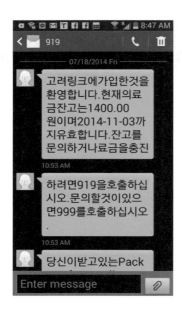

1.4____ 개통 즉시 필자의
스마트폰으로 날아온
가입을 환영하는 문자.

"고려링크에 가입한 것을 환영합니다.
현재의 료금잔고는 1400.00원이며 2014-11-03까지 유효합니다.

잔고를 문의하거나 료금을 충전하려면 919를 호출하십시오.
문의할 것이 있으면 999를 호출하십시오."

"당신이 받고 있는 Package for Bundle DF 봉사의 회선비는
80.00원이며 회선비 삭감날은 2014-11-04입니다."

"840.00원의 료금이 정확히 입금이 되었습니다.
현재 잔고액은 1440.00원이며 회선비 삭감날은 2017-05-22입니다."

"840.00원의 료금이 정확히 입금이 되었습니다.
현재 잔고액은 12,360.00원이며 회선비 삭감날은 2024-08-12입니다."

"당신은 200분간의 무료통화, 20개의 무료단문 통보문을 가지고 있습니다."

고려링크 국제전화와
인터넷 가격

　가입자가 지켜야 할 준수사항과 규정들은 매우 복잡했다. 메모
준비가 안되었다는 것을 핑계로 컴퓨터 화면에 떠 있는 가격표를
폰 카메라로 촬영할 수 있게 해달라고 부탁했다. 다행히 봉사원들은
모니터 화면을 찍을 수 있도록 허락해주었다. 신청서 양식도 1부 입수할
수 있었다. 가격표 기준과 가입을 위한 기본 정보는 다음과 같았다.

① 가입비: 미화 204$
　심카드 구입비: 84$(국제전화와 이북 내부에서의 국내전화 가능)
　인터넷 가입비: 120$(인터넷과 와이파이 사용 가능)

② 매월 사용료: 미화 22$
　심카드 매월 사용료: 8$
　인터넷 매월 사용료: 14$

③ 인터넷 데이터 사용 요금 기준: 인터넷 데이터 사용 용량은 50MB(메가바이트)가
　기본으로 제공되며, 1MB를 초과할 때마다 0.1유로화의 요금이 별도 부과된다.

④ 사용료 산정 사례
　만일 가입자가 2014년 10월 1일 평양공항을 출국해서 다음해인 2015년 10월
　1일에 다시 방북한다고 가정하면, 출국 전에 264$(22$ × 12개월)을 선불로
　납부하고 출국해야 한다.
　이럴 경우 다음 방북 시 심카드와 인터넷을 다시 유효하게 사용할 수 있으며,
　벌금을 내지 않는다. 또한 다음 방북 시 자신이 소유한 스마트폰 기기를 반드시
　다시 등록해야 한다.

⑤ 사용한 고려링크 심카드는 다음 방북 시 다시 가져와 반납하면 된다.

고려링크 서비스를
받으려면

심카드를 구입하거나 고려링크 서비스 업무를 관장하는 곳은 평양에 두 곳이 있었다. 한 곳은 순안공항 건물 내, 다른 한 곳은 인민문화궁전 부근 고려링크 통신국 빌딩이다. 그런데 임시로 통신 업무를 보던 보통강호텔의 고려링크 통신국이 영업을 지속하게 되어 이제 세 곳으로 늘었다. 외국인과 해외동포들은 평양 순안공항 내에 있는 고려링크사를 방문해 가입하는 것이 가장 편리하다.

심카드를 충전하기 위해 반드시 고려링크 통신국을 찾아가야 하는 것은 아니다. 평양 시내에 소재한 호텔 카운터와 나래카드 결제 시스템을 갖춘 식당의 카운터에서도 충전할 수 있기 때문이다. 나래카드는 미국식으로 말하자면 이북판 데빗카드(Debit Card)라고 볼 수 있으며, 한국식으로는 현금카드나 직불카드에 해당한다.

나래카드를 발급하는 곳에 가서 미화나 유로화를 내면 그날의 환율 기준으로 그 금액에 해당하는 이북 현금을 나래카드에 넣어준다. 심카드를 충전하려면 반드시 이 나래카드를 소지해야 한다. 충전은 필요한 만큼 자유롭게 하면 된다.

나는 평양호텔 1층에 있는 '비로봉 식당' 카운터에 가서 다시 심카드를 충전한 적이 있다. 나래카드로 결제를 하니 계산대에서 결제음이 들린 후 곧바로 충전이 완료되었음을 증명이라도 하듯 카톡과 페이스북 메신저의 도착 알림음이 울려댔다. 충전이 떨어진 상태에서 국제전화를 걸면 "미안하지만 지금 찾고 있는 호출은 허용되지 않습니다"라는 아나운서의 목소리가 영어와 한국어(조선말)로 동시에 나온다. 충전이 떨어진 상태에서는 인터넷 연결도 되지 않는다.

한국과 미국으로
카톡과 보이스톡을 하다

심카드를 가입한 첫날은 나에게 잊지 못할 순간이었다. 며칠 동안 접속하지 못해 누적된 페이스북과 카톡의 메시지들을 평양 한복판에서 확인하는 재미를 만끽했기 때문이다.

제일 먼저 미국에 있는 아내에게 보고 싶다는 내용과 함께 아파트 렌트비에 관한 카톡 메시지를 보냈다. 평양발 메시지를 보고 아내는 깜짝 놀라며 도무지 믿기지 않는 듯했다. 곧이어 국제전화를 걸었다. 통화 음질이 전혀 흠잡을 데가 없었다. 북에서 부여 받은 번호로 미국에 전화를 걸 때는 미국 국가번호 앞에 001을 눌러야 통화가 연결되었다.

이어서 초등학교 동창회장을 맡고 있는 한국의 친구에게 카톡을 보냈다. 그는 마침 내가 서울에 체류하는 기간에 경기도 팔당 인근 양수리에서 동창회 모임을 갖는다는 답장을 보내주었다. 친구의 카톡 덕분에 체류기간 내내 초등학교 친구들을 만나는 기대감에 가슴이 설렐 수 있었다.

평양에서 보낸 카톡을 받은 사람들은 한결같이 처음에는 장난으로 알고 믿지 않았다. 실제 상황임을 깨달은 후에는 놀라서 어안이 벙벙해하였다. 내가 카톡 단답을 요청하자 그들 모두 간단한 답변을 날려주었다.

이로써 나는 평양 하늘 아래서 서울을 향해 마음껏 카톡과 페이스북 메시지를 날릴 수 있었다. 반대로 서울에서 보내준 카톡 답장을 아무런 문제없이 평양에서 즉시 받을 수 있었다.

이북의 국제전화 시스템이 한국과의 전화통화가 차단되도록 되어 있었기 때문에 공식적으로는 전화 연결이 불가능했다. 그 대안으로 내가 고안해낸 방법이 바로 페이스북 메신저에 있는 전화 기능과 카톡에서 전화 기능을 하는 보이스톡을 이용하는 것이었다. 예상했던 대로 페이스북과 보이스톡의 전화 기능은 통화 상태가 매우 양호했다.

평양과 서울에서 주고받는 사이버상의 각종 메시지 기능이 모두 가능하다는 것을 확인한 셈이다. 이내 긴장이 풀리는 게 느껴졌다. 스스로 경험하였으면서도 신기하기가 말할 수 없었다.

남북 사회통합은
사이버 교류부터

2012년에 방북할 때만 해도 순안공항에서 입국 수속을 할 때는 몸에 지니고 있던 스마트폰이나 일반 손전화기를 무조건 공항 요원들에게 맡겨야 했다. 맡긴 전화기는 출국하는 날 되돌려 받았다.

나는 그것이 못마땅해서 입국자들에 대한 전화기 회수는 국제화
시대에 역행하는 불합리한 조치임을 조목조목 지적하고 북녘 당국에도
호소했다. 다행스럽게도 이듬해인 2013년 1월부터 외국인과
해외동포들의 휴대폰 소지 입국이 허용되었다.

전화기 휴대를 금지하는 이유에 대해 북측 당국은 모기장 이론을
내세우며 나를 설득했다. 휴대를 허용하게 되면 적대세력들이 마치
모기가 달려들 듯 휴대폰을 이용해 스파이 행위를 하기 때문에 어쩔
수 없이 모기장을 친다는 논리였다. '압수'에 가깝다는 표현이 들
정도로 공항에 내리자마자 전화기를 회수당하는 불편을 감수했던
당시를 생각하면 격세지감이다.

방북하는 외국인들이나 나 같은 해외동포들은 이제 특별한 행사
때나 이벤트가 있을 경우 평양 시내를 활보하면서 셀프 카메라는 물론
구글 행아웃이나 화상 캠도 적극 활용할 수 있게 되었다. 이질화된
남북을 서로 연결하고 통합하기 위해서는 먼저 사이버 교류부터
시작해야 한다는 생각이 든다.

2018년 현재 북에는 600만 대 가까운 휴대폰이 보급되어 있다고
한다. 꽤 높은 보급률이다. 일반 주민들은 음성 통화는 물론 영상, 음악
등의 자료를 주고받는 문자 메시지, 화상전화 등의 서비스를 즐긴다.
하지만 국제전화나 이북에 체류 중인 외국인과는 통화할 수 없다. 국제
인터넷망 접속도 불가능하다.

이북의 인터넷 속도는 미국이나 한국과 전혀 차이가 없는 매우
우수한 성능이었다. 평양 시내의 무선 와이파이는 매우 강력하게

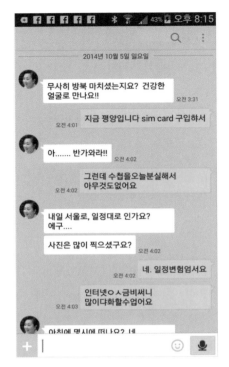

1.5___필자가 평양에서 서울로
보낸 카톡 대화 캡처
(카톡 수신자는 한국을
방문 중인 미국 거주 한인 여성).

터졌다. 인터넷을 사용하는 도중에 버퍼링이나 끊김 현상도 전혀
없었다. 차 안에서는 물론 길거리를 걸으면서도 메신저와 국제전화를
불편함 없이 사용할 수 있었다.

하루빨리 통일이 되어 북녘 주민들도 모든 사이버 혜택을 누릴 수
있는 환경이 조성되기를 빈다.

2.

평양호텔
TV 속의
박정희 대통령
드라마

평양행 고려항공 여객기는 여느 때와 다름없이 오후 1시 55분에 심양공항을 이륙했다. 이번 방북 일정은 특별히 이북의 국가행사나 명절이 없는 기간으로 잡았다. 국가행사가 개최되는 기간에는 나를 담당하는 부서들이 더욱 진땀을 흘려야 하는데다 계획한 일정이 제대로 성사되기 어렵다는 것을 경험상 잘 알고 있었기 때문이다.

옆자리에 앉은 승객과 잠시 대화를 나누다 보니 비행기는 어느새 착륙을 위해 평양 상공을 선회하고 있었다. 창밖으로 누런 황금 들녘이 내려다보였다. 비행기가 착륙하는 길목의 평양 외곽 순안 지역과 연못동 지역의 가을 들녘은 매우 평화로워 보였다.

남녘의 들녘과 차이를 느낄 수 없을 정도로 북녘의 들판은 조금도 낯설지 않았다. 밭농사와 벼농사를 해 먹고 사는 것이 동일하니 남과 북의 풍경이 크게 다를 리 없겠다는 생각이 들었다.

평소에 순안공항에 도착하면 의례히 안내원들과 영접 나온 일행이 반갑게 맞아준다. 그런데 웬일인지 아무도 보이지 않았다. 공항 사무국 데스크에 가서 해외동포원호위원회로 전화 연결을 부탁했다. 위원회에서는 나를 담당할 안내원 일행이 공항으로 떠난 지 오래되었으니 조금만 기다려 달라는 것이었다.

바로 그때였다. 헐레벌떡거리며 젊은 남성 두 명이 청사 안으로 뛰어들어오더니 자신이 담당 안내원이며 같이 온 남성은 운전기사라고 소개했다.

여름휴가를 이북에서
보내려는 재미동포들

안내원 일행을 만나자 마치 길 잃어버린 미아가 엄마를 만난 듯 반가웠다. 안내원과 기사 둘 다 말을 편하게 해도 좋을 만큼 젊고 착해 보였다.

그동안 몇 차례 방북하면서 영접국이나 사업국 소속의 웬만한 직원들과 안내원들은 인사를 나눌 정도로 거의 얼굴을 아는 편이었다. 그런데 눈앞에 서 있는 안내원은 아무리 위아래를 훑어봐도 낯선 초면이었다. 또한 그의 말투에서 이북 사투리는 거의 찾아볼 수도 없었다.

"아이구, 최선생님. 죄송하게 됐습니다."

안내원은 우물쭈물 늦을 수밖에 없는 여러 가지 사정을 말했다.

우리는 주차장에 준비된 승합차를 타고 평양 시내로 향했다. 안내원의 설명을 듣고 보니 아무래도 방북 기간을 잘못 잡은 듯했다.

이 안내원은 미국에 거주하는 해외동포를 관장하는 해동사업국의 미주담당국 OO국 직원이 아니라, 재일동포와 청년학생들을 담당하는 OO국 소속 안내원이었다. 워낙 많은 미국 교포들이 방북하다 보니 미주 담당 안내원이 모자라 재일교포 담당 안내부서에서 인력지원을 받은 것이었다.

"사실대로 말씀드리자면 이번에 미국에서 전례 없이 아주 많은 방문단들이 들어오셨단 말입니다. 그래, 저도 긴급히 연락을 받고 최선생님 방문단에 투입이 된 겁니다."

"아니 지금이 뭐, 휴가철도 아니고, 그렇다고 국가행사 기간이나 명절도 아닌데, 미국에서 뭐 하러 이렇게 많이들 방문했지? 나는 일부러 복잡한 기간을 피해서 방문한 건데."

"아, 그거야 미국 교포님들이 모두 최선생님과 똑같은 생각을 한 것 같습니다. '내가 이번에 조선에 방문하면 좀 한가하겠지?'라고 생각들을 한 것 같습니다. 사실 이번에는 우리 측에서도 당황할 정도로 미국에서 유례없이 많은 분들이 방문하셨습니다. 대개 이 계절은 방문단이 뜸하고 한가한 시기인데…"

"아, 그렇구나. 모두들 나 같은 생각을 할 수 있겠구나, 젠장."

"미국 동포 분들이 워낙 바쁜 생활들을 하시다 보니 올여름 휴가를 좀 연기하고, 조금은 늦었지만 우리 조국을 인차(이제) 방문해서 여름휴가처럼 보내려는 분들이 있는 것 같습니다."

2.1____ 이북 영공으로 들어서는 고려항공 여객기.

"아, 세상이 좋아지다 보니 북조선을 미국 교포들이 휴가지로 찾는 세상이 왔구먼."

실제로 북에 머무르는 동안 여기저기 돌아다니다 보니 미주 동포들을 많이 마주칠 수 있었다. 지인이나 눈에 익은 교포들도 많았다. 다음부터는 방북 일정을 계획할 때, 시기 선택에 더욱 신중을 기해야겠다고 다짐했다.

평양호텔의
스포츠 중계와 TV 채널

예정대로 대동강변에 자리 잡은 평양호텔에 여장을 풀었다. 아침 산책을 하거나 가벼운 조깅을 하기에 아주 좋은 위치인데다 정감 있고 소담스러운 호텔이다. 내게는 고려호텔이나 량각도, 보통강, 해방산 같은 호텔보다 한결 편하고 어울리는 숙소다.

일행들과 함께 호텔 근처에서 저녁 식사를 마치고 호텔로 돌아와 즐거운 마음으로 TV를 켰다. 마침 인천에서 아시안게임을 하는 중이라서 호텔 로비나 식당 등의 공공장소에 비치된 TV에서는 중계방송에 여념이 없었다. 북측 선수단이 우승하거나 결승전에 진출하는 종목은 정규방송을 중단하고 중계방송하거나 반복해서 재방송하는 경우가 허다했다.

스포츠 중계를 진행하는 아나운서는 남측 방송과는 달리 해설자

없이 혼자 진행하였다. 아나운서가 경기 현장에 파견되어 실시간 현장중계를 하는 것이 아니라, 모니터를 보면서 방송하는 뒷북 중계라서 그런지 현장감과 긴박감이 떨어졌다. 남측 아나운서들의 다이내믹한 중계방송에 익숙해 있다 보니 답답해서 보기 힘들었다. 똑같은 장면을 두고 남측 아나운서가 빠른 속도로 100마디 멘트를 한다면, 북측 아나운서는 겨우 20마디 멘트 하는 정도였다. TV 브라운관 영상 속에서는 선수들이 치열하게 경기하는 장면이 방영되고 있는데, 거의 침묵 수준에 가까운 음향 상태에서 중계방송을 시청한다고 생각하면 될 것 같다. 그나마 아나운서가 사용하는 스포츠 용어들이 순수 조선말이라서 이채롭고 나름 재미가 있었다.

평양 시민들은 채널이라는 단어를 사용하지 않고 번역 그대로 '통로' 라고 호칭했다. 호텔방에서 잡힌 평양 시내의 TV 공식 채널은 조선중앙 TV(12번), 룡남산 TV(9번), 만수대 TV(5번)의 3개였다. 또한 2015년 광복 70주년을 기념해 만든 '체육 텔레비죤'이라고 불리는 스포츠 전문 채널도 새로 생겼다. 만수대와 룡남산 채널은 주말 한정된 시간에만 방송하고, 평양 시내에서만 시청할 수 있었다. 만수대 TV 에서는 외국 영화와 드라마를 자주 방영하였다. 주로 중국과 러시아, 동구권에서 제작된 영화들이 많이 상영되는 듯했다. 만수대 채널은 평양시 일대에 한정된 지역 방송이지만, 인접한 남포시를 비롯한 평안남도와 황해남북도 일대에서도 시청이 가능하다고 한다. 룡남산 채널은 영어 자막 방송이 많았다. 과학탐구나 '동물의 왕국' 같은 프로그램도 방영되었다.

박정희 전문 배우로
유명한 나카무라

스포츠 중계를 보다가 시차로 인한 피로감 때문인지 잠시 단잠에 빠져들었다. 눈을 떠보니 아직 TV 방송이 흘러나오고 있었다. 스포츠 중계는 끝나고 눈에 익숙한 드라마가 방영되고 있었다. 깜짝 놀라 눈을 크게 떴다. 박정희 대통령이 드라마에 등장하고 있는 것 아닌가?

그동안 방북할 때마다 간간이 재미있게 시청하던 드라마였다. 드라마 〈민족과 운명〉은 이북이 최대 걸작으로 자랑하는 다부작 극영화였다.

2.2___박정희 전문배우인 재일동포 김윤홍. 북에서는 그를 일본식 이름인 '나카무라'로 부른다.

1990년대부터 방영을 시작해 아직도 주민들이 잊지 못하는 최고 인기 시리즈물이다.

때마침 방영되는 회차가 박정희 대통령이 등장하는 스토리 부분이어서 매우 흥미로웠다. 알고 보니 〈민족과 운명〉은 재방송을

반복해 보여주면서도 한편으로는 시리즈가 계속 새로 제작되는
스펙터클한 시리즈물이었다.

　이튿날 아침에 승합차량 안에서 그 이야기를 화제로 꺼냈다. 함께
탑승한 북측 일행들은 신이 나서 드라마 이야기를 들려주었다. 박정희
대통령이 등장하는 장면은 아주 오래전에 방영되었지만, 박대통령 역을
맡았던 배우 김윤홍의 명대사가 지금도 주민들에게 유행어로
회자된다고 한다.

　"맞습네다. 거, 나카무라상 있잖습네까. 그 사람이 아주 우리
조선에서는 모르는 사람이 아무도 없을 정도입네다. 아주 잘생겼다구.
박정희 역을 얼마나 잘했는지 우리 장군님이 칭찬해주시면서 자동차도
선물했다고 하지 않습네까?"

　"아니, 나카무라요? 그럼 일본 배우가 여기 와서 박대통령 역을 했던
말인가요? 왜 일본 배우가 이북에서 연기활동을 합니까?"

　"그 동무가 재일교포 출신인데 그 당시 박정희 역할을 아주 잘해서
인기가 높아지니까, 나중에는 최고의원(최고인민회의 대의원)도 됐고 더
유명해졌단 말입니다."

　"거, 박정희가 김재규 총에 맞기 전에 했던 마지막 대사가 우리
인민들한테 가장 유명한 대사가 됐단 말입니다. 김재규가 권총을
들이대고 쏘려고 하는데도 의연하게 두 사람(차지철, 김재규)한테 호통을
치는 박정희 모습에 인민들이 감동했단 말입니다."

　"아, 그래요? 그게 무슨 대사입니까?"

　"최선생님은 아직 잘 모르시는구만요. 사람이 권총을 들이대면

본능적으로 몸을 숨기거나 살려달라고 애원하기 마련인데, 박정희는 그렇지가 않았습니다. 오히려 부하들을 향해 태연한 표정으로 '무슨 짓들이야? 감히 누구 앞이라구. 썩 그만두지 못해?' 하면서 야단을 쳤지 않습니까? 그 말을 하고 나서 김재규한테 총알을 맞았잖습니까?"

재일교포 출신이기 때문에 지금도 김윤홍을 일본식 이름인 '나카무라'라고 부르고 있다는 걸 알게 되었다. 〈모래시계〉라는 드라마에서 배우 최민수가 사형장에서 마지막으로 내뱉은 "나 지금 떨고 있니?"라는 명대사를 기억하는 사람이 많을 것이다. 유행어가 된 그 말처럼 이북 드라마 속에서 김재규의 총에 저격당하기 직전에 박정희가 남긴 한 마디 대사가 주민들에게 최고 인기 대사로 기억되고 있었던 것이다.

나는 갑자기 김윤홍이라는 배우가 궁금해졌다. 평양시 형제산 구역에 위치한 '조선예술영화촬영소'를 방문했을 때 해설사에게 그에 대해 물어보았다. 북조선 영화사상 처음으로 박정희 대통령 역을 맡은 김윤홍은 그 드라마로 인해 인기스타로 급부상했다고 한다. 김정일 국방위원장이 연회를 베풀어주고, 그를 호칭할 때는 '어이, 박정희!' 혹은 농담으로 '대통령 각하!' 하고 부르며 박장대소했다는 이야기도 들려주었다.

김윤홍은 연기 초창기에는 여러 드라마에 단역으로 출연했으며 주로 코믹스런 연기를 했다고 한다. 재일교포 출신으로 고생하던 무명배우가 박대통령 배역을 맡아 큰 인기를 얻고 인민배우 칭호를 받는 등 출세가도를 달리게 된 것이다.

현재의 근황을 물어보니 지금은 배우 생활을 그만두고 연출가로

2.3___ 평양역 광장의 야외 전광판 텔레비전.

활동하고 있다고 한다. 그를 만날 수 없느냐고 물어보았다. 평양에서
국제영화제가 거행되고 있는데, 영화배우며 연출가들이 모두 그
행사장에 갔노라고 귀띔해주었다.

방영되는 드라마를 틈틈이 들여다보니 김형욱 실종사건을 다루는
장면이 나왔다. 김형욱 중앙정보부장을 프랑스에서 잡아와 청와대
모처 내부 밀실에 포박하여 가두고 있다가, 박대통령이 권총으로 직접
사살하는 장면도 나온다. 박정희 옆에 서 있던 김재규가 벽에 걸린
커다란 독수리 박제 스위치를 누르자, 자동 개폐장치가 설치된 바닥이
자동으로 열리며 김형욱의 시신이 지하로 추락하였다.

10·26사태를 다루는 장면은 이 영화의 제13부 홍영자편에
등장한다. 주인공 홍영자가 김형욱의 죽음, 박정희의 죽음, 김재규의
죽음을 회상하면서 시작된다. 10·26 궁정동 사태와 관련된 배우들의
캐릭터는 실제 인물들과 너무 흡사했고, 궁정동 안가의 만찬장도 마치
고증이라도 한 듯 세트장을 만든 것 같았다. 김재규의 배후에는 미국을
그려 넣었다. 드라마의 제목처럼 민족의 운명을 외면한 독재자는
비참한 죽음으로 그 대가를 치른다는 메시지를 담은 듯했다.

드라마는 홍영자라는 가상의 여주인공을 김형욱, 박정희와의
삼각관계에 삽입시켜 흥미를 유발하는 픽션 형태였다. 민감한
주제임에도 팩트에 대한 근거가 다소 부족하다는 느낌을 받았다.
남측이 북측 정치에 대해 오해하거나 잘못 이해하고 있듯이, 북측도
남측에 대해 잘못 이해하는 부분이 많이 있을 것이다.

3. 첨단 고급화를 지향하는 식당 문화를 체험하다

이북을 방문하면서 여러 종류의 민간 요리는 물론 진기한 특별식을 맛볼 기회가 꽤 있었다. 그럴 때마다 이북의 음식 문화를 눈여겨보았다.

이북의 음식 문화는 눈에 띄게 변모해가고 있었다. 식당들이 한결같이 현대화 고급화되어가는 추세다. 음식 한 가지를 만들더라도 최상의 수준이 되도록 심혈을 기울이고, 만든 음식을 손님에게 서빙할 때도 최선의 봉사를 다한다.

호텔 식당 같은 곳만이 아니라 일반 식당에서도 내부 인테리어와 외관에 신경 쓰는 게 확연히 느껴졌다. 저마다 식당 컨셉에 맞게 격조 있고 럭셔리한 분위기를 만들고 있었다.

기존의 종이로 제작된 메뉴판 책자와 영수증 묶음처럼 보이던 주문판은 전자화되어 최신 태블릿으로 바뀐 지 오래다. 식당 운영 방식도 현대화, 전산화, 고급화되어가고 있었다. 이 같은 흐름에 발맞추어 요리사들의 실력과 기술은 눈에 띄게 향상되었다. 위생과 서비스 수준도 한결 높아졌다.

2015년 4월에는 온라인 쇼핑몰에 해당하는 '옥류'라는 쇼핑 서비스가 시작되었다. 스마트폰으로 온라인 쇼핑을 할 수 있는 신호탄이 오른 것이다. 2006년 평양 낙원백화점이 자체 인트라넷 '광명'에 쇼핑몰을 개설했으나, 쇼핑몰이라기보다는 쇼핑 목록에 가까웠다. 그때와 비교하면 북한의 IT 기술 적용과 전자금융 시스템이 훨씬 업그레이드된 것을 느낄 수 있다.

'비로봉 식당'에선 손님들이
태블릿 메뉴판을 사용

평양 비로봉 식당은 음식점과 커피숍을 한 공간에서 운영하는 식당이라서 방북 시마다 부담 없이 들르곤 한다. 그곳에 가면 특별히 눈에 띄는 것이 있는데 다름 아닌 전자 메뉴판이다.

2013년 들어 자체적으로 개발했다고 한다. 그 이전까지는 종이 메뉴판이 사용되었다. 손님들이 식당에 도착하면 가장 먼저 손에 잡는 것이 메뉴판 아닌가. 그 메뉴판이 다름 아닌 '판형 컴퓨터(태블릿 PC)'라서 처음에는 눈을 의심했다.

미국이나 한국에서도 보기 드문 기발한 아이디어였다. 여전히 종이 책자로 된 메뉴판에 익숙한 나로서는 신선한 충격이었다. 태블릿 메뉴판을 테이블마다 비치해 손님들이 자기들 식성과 취향에 맞게 음식을 고를 수 있도록 했다는 사실이 마냥 신기했고 마치 뒷북을 맞는 기분이었다.

비로봉 식당의 태블릿 메뉴판에는 다음과 같은 음료수 종류가 적혀 있었다. 유자단물, 수박단물, 향참외단물, 귤단물, 딸기단물. 가격은 모두 동일한 350원이었다. 일반 시민들도 부담을 느끼지 않을 가격이었다.

태블릿 메뉴판은 책자로 된 메뉴판보다 지면 제한을 받지 않고 훨씬 다양한 메뉴를 수록할 수 있다. 그 같은 장점 때문인지 메뉴판 화면에는 섹션별로 13개의 다양한 매뉴얼을 만들어 놓았다. 젊은 부류의 고객들이 익숙하고 자연스러운 손놀림으로 손가락 터치를 해가며 페이지를 넘기는 모습을 목격할 수 있었다.

3.1____비로봉 식당에서 개발한 판형컴퓨터 (태블릿 PC) 메뉴판의 초기 화면.

비로봉 식당뿐 아니라 평양 시내의 여러 식당에서도 뒤이어 태블릿 메뉴판을 개발하였다. 심지어 강원도 마식령 스키장의 식당과 커피점에서까지 태블릿 메뉴판이 상용화되고 있었다.

3.2_____ 최근 건설된 평양 미래과학자 거리. 상가, 음식점, 카페 등의 간판이 보인다.

3.3____ 고급스러운 실내 디자인의 해당화관 단체 식사룸.

3.4____ 호텔보다 더 럭셔리하게 꾸며진 해당화관 화장실 내부. 2인용 세면대 모습.

'해당화관 식당'에선 봉사원들이
주문용 태블릿을 사용

'비로봉 식당'과는 반대로 2011년 개관한 해당화관 1,2층
식당에서는 여성 봉사원들(웨이트리스)이 주문 받을 때 사용하는 주문
책자가 다름 아닌 '판형 컴퓨터'였다. 하지만 메뉴판은 기존대로 품위
있게 만든 고급 책자 방식을 유지하고 있었다. 봉사원들이 태블릿을
손바닥에 감아쥐고 손님에게서 주문 받은 메뉴를 입력하는 모습을
보고 신선한 충격을 받았다.

자세히 다가가 쳐다보니 태블릿 전자주문 액정화면에는 음식
목록이 들어 있고, 목록 가운데 한 가지 음식을 터치하면 이어서 음식
이름과 수량, 금액을 표기하는 화면으로 전환되었다. 주문 수량에
따라 가격을 자동으로 확인할 수 있었다.

식사를 마치고 나오는 길에 1층 현관 카운터에 들러 전자주문
시스템에 대해 자세히 알아보았다.

봉사원은 맨 먼저 주문 전용 태블릿 PC 화면에 손님이 주문한
정보를 입력해야 한다. 그 다음 단계는 입력된 정보가 곧바로 주방에
설치된 모니터로 자동 전송된다.

이런 태블릿 주문 방식의 장점은 손님들의 특별 요구사항이나
개별적 음식 취향 등을 별도로 입력할 수 있다는 것이다. 주방에서는
손님의 요구에 맞춰 세심하게 요리해준다.

계산대에 근무하는 봉사원들은 이 모든 주문 전산화 시스템이

해당화관에서 자체 개발한 것이며, 손님들에게 신속하고 정확한 서비스를 제공할 뿐만 아니라 음식값을 계산하는 것도 수작업으로 하는 것이 아니라서 매우 정확하고 편리하다고 입을 모았다.

음식값 계산, 손님들 30%는
나래 전자결제 카드 사용

필자는 북에 가면 으레 나래 전자결제 카드를 사용한다. 경험한 바에 따르면 이북에 입국한 외국인과 해외동포들은 미화 500달러 한도 내에서 나래 전자결제 카드(직불 카드, 현금 카드, 데빗 카드)를 발급받을 수 있다.

달러를 사용하게 되면 쇼핑센터나 식당에서 물건을 사거나 음식을 먹은 후 경우에 따라서는 잔돈을 거슬러 받기가 수월하지 않다. 그래서 전자결제 카드를 사용하는 것이 유리하다고 판단해 매번 이 카드를 사용했다.

이 카드의 장점은 무엇보다 현금 분실이나 도난의 위험이 없다는 것이다. 카운터에서 계산할 때 본인만 알고 있는 4자리 수 비밀번호를 입력해야 하기 때문에, 설령 카드를 분실해도 도용될 염려가 없다. 또한 체크카드처럼 일정 금액을 충전하고 계속 사용할 수 있으며, 현금과 동일하기 때문에 사용자들이 점점 늘어나는 추세다.

이 카드는 크레디트 카드(신용 카드)가 아니라 말 그대로 직불카드에

3.5____ 옥류관 조명과 주체탑 조명이 조화를 이룬 평양시 야경.

불과하다. 상점에서 물건을 구입하거나 식당에서 식대를 계산하면서
다른 손님들이 계산하는 모습을 지켜본 결과, 고객의 30% 정도가 이
전자결제 카드를 사용하는 것으로 확인되었다.

이북에서도 조선중앙은행을 중심으로 조선컴퓨터센터와 합작하여
신용 카드(크레디트 카드)가 개발되었으며, 사용자가 조금씩 증가하고
있다고 한다. 평양 시내나 이북에 거주하는 자국민 사업가들과
외국인 사업가 등 재정력을 지닌 부류들이 이 신용 카드 시스템을
더러 이용하는 것을 볼 수 있었다.

사회주의 이북의 경제구조는 생존형 자립경제 시스템이어서
개인의 신용을 평가하는 문제가 단순하지 않다. 따라서 신용 카드
제도가 당분간 대중들에게 보편화되기는 힘들 듯하다. 그래도
나름대로 이북 경제의 한 축을 담당하는 금융결제 시스템으로 자리
잡아 가는 것은 분명하다.

물건 가격과 음식값 계산 환율을
이해 못하는 언론들

필자는 방북 시마다 미국 달러화와 중국 위안화를 사용할 만큼
적당히 환전해서 입국한다. 이북 내에 있는 모든 쇼핑센터와
식당가에는 외국인을 위해 공식적으로 유로화 가격이 표기되어 있다.
미국 달러화나 위안화로 가격을 함께 표기해 놓은 곳도 꽤 있다.

필자는 유로화에 그다지 익숙하지 않기 때문에 유로화는 잘
사용하지 않는다.

　필자가 경험한 바에 의하면 실제 이북에서는 유로화보다 미국
달러화나 위안화가 더 많이 사용된다. 유로화를 갖고 있지 않다
하여도 아무런 불편이 없는 것이다. 미화를 가장 자주 사용하지만,
음식값을 계산하거나 물건을 구입할 때 나도 모르게 머릿속에서
유로화-미화-위안화-이북 화폐 네 가지 모두를 비교해 재빨리
환산하는 버릇이 생기게 되었다.

　그러나 이북 방문이 초행이거나 계산 감각이 느린 분들은
계산서를 손에 쥐어줘도 계산할 때마다 환율을 매번 헷갈려 한다.
이북식 환율 계산 방법을 터득하기 전에 먼저 이북에는 '공식 환율'
과 더불어 '실제 환율'이 있다는 것은 인지해야 한다. '공식 환율'이란
외국인 전용 '호구 환율'이다. '호구 환율'은 '실제 환율'에 비해 수십
배 정도 차이가 난다.

　1달러 환율이 이북 화폐로 7,000원 정도인데, 호구 환율은 1달러에
130원인 경우가 있다. 한 가지 실례를 들어보도록 한다. 커피점에서
파는 500원짜리 콜라를 이북 자국민들은 실제 환율에 따라 0.1달러,
1,000원짜리 칵테일을 0.2달러에 구입해 먹을 수 있다. 그러나 외국
국적의 해외동포들이나 외국인들은 호구 환율로 지불하기 때문에
500원짜리 콜라를 4달러, 1,000원짜리 칵테일을 8달러에 사먹어야
한다. 그러므로 이북에서의 환율 적용 방법에 익숙하지 않은
방문자들은 매번 헷갈려하거나 의아해하는 경우가 많다.

모든 이북 방문자들에게는 누구나 예외 없이 담당 안내원들이 따라다니며 밀접 동행을 한다. 안내원들은 자신이 담당한 외국인이나 해외동포가 쇼핑하거나 식당에서 식사를 한 후에 계산할 때는 반드시 업체측(카운터)에 이들이 외국인임을 고지해서 '호구 환율'을 적용받도록 해야 하는 의무가 있다.

외국인에 대한 이북 환율 적용제도와 2중가격 시스템을 제대로 이해하지 못하는 남한과 서방세계의 언론들은 마구잡이 오보를 내는 경우가 허다하다. 이북의 환율 시스템을 정확히 파악하지 않은 상태에서 메뉴판에 적힌 가격표를 기계적으로 해석하기 때문이다.

"음식값이 비싸기 때문에 일반 노동자나 주민들은 죽었다 깨어나도 식당이나 커피점, 백화점에 갈 수 없는 그림의 떡"이라느니 "신흥 부자들과 특권층만 갈 수 있다"느니 하는 주장들을 신문이나 방송에서 근거도 없이 떠들어댄다.

이북에서 자국민들에게 적용하는 커피 한 잔의 실제 가격은 0.1달러 정도로 그리 부담스럽지 않다. 일반 평양 시민들이나 주민들이 음식점이나 커피점에 가서 부담 없이 먹고 마실 수 있는 세상이 된 것이다.

커피숍 메뉴는
미국이나 한국보다 더 고급

평양호텔 전망대 커피숍을 방문해 카운터 천정에 걸려 있는 대형
메뉴판을 바라보면 미국이나 한국의 다양한 최신 메뉴들과 거의
동일함을 알 수 있다. 어떤 경우에는 오히려 유행을 더 앞서가기도
했다.

3.6____ 피자를 맛볼 수 있는 평양 최초의 유럽식 카페 별무리.
외국인보다 이북 사람들이 더 많이 찾는다고 한다.

손님들이 펼쳐보는 메뉴 책자를 보면 아메리카노가 380원, 팥빙수가
500원이며, 그밖에 루이보스차, 얼그레이차, 보리차, 록차, 국화차,
박하차, 과일향차 등이 모두 동일하게 350원이었다. 사과즙, 도마도즙과

귤즙은 300원, 참외즙, 바나나즙, 포도즙은 모두 400원, 딸기즙 450원, 왕다래즙은 500원이었다. 또한 요그르트 종류는 모두 450원이었다.

2층 구조를 지닌 평양호텔 전망대 커피숍은 사면이 통유리로 건축되어 대동강변이 한눈에 내려다보이는 최고의 전망 좋은 장소이다. 이곳을 찾는 이용자들의 신분이나 직업은 매우 다양했다. 그보다 더 놀라운 것은 세계적인 커피 문화 유행에 결코 뒤지지 않는다는 것이었다. 그것은 고급 메뉴와 손님들의 입맛이 입증하고 있었다.

4. 미림승마구락부에서
승마를 하다

북에
승마 열풍이 불다

　과거 한국에서 살 때나 현재 미국에 살면서 승마장을 찾아 여가를 즐긴다는 것은 엄두도 내지 못했다. 승마장에서 말을 탄다는 것은 시간적 재정적으로 그리 쉽지 않다.

　2013년 말 대동강을 지척에 둔 곳에 미림승마구락부(승마장)가 문을 열었다. 부지 면적이 62만㎡로 얼추 서울 상암동 월드컵 주경기장의 세 배 크기다. 미림승마구락부가 생긴 다음 북에서는 승마 열풍이 불었다고 한다.

　승마장이 문을 연 지 6개월쯤 지나서 미림승마구락부를 참관했다. 승마장은 평양시 중심가에서 동남쪽 4km 지점인 사동구역 미림동에 자리하고 있었다.

　만물이 소생하는 봄을 맞이한 승마장은 마치 대자연 속에 들어선

휴양소 같은 느낌이었다. 가까이에 유명한 4·25여관이 보였고, 대동강이 유유히 흐르는 모습도 시야에 들어왔다. 유럽이나 미국에서도 쉽게 찾아보기 힘든 초현대적인 승마 시설이 서구 명문대학교 캠퍼스 부지보다 넓은 대지에 펼쳐져 있었다.

네 개의 발굽으로 쏜살같이 달리는 경주마와 기수를 형상화한 문주를 지나 주차장에 내리니 미림승마구락부를 책임지고 있는 곽재영 소장 일행이 우리 일행을 반갑게 영접해주었다. 멀리 야외 승마 트랙과 훈련장에 이리저리 분주히 움직이는 사람들의 모습이 눈에 띄었다.

미림승마구락부는 원래 조선인민군 소속 일명 '534 기마부대'가 주둔하던 곳이었다고 한다. 2012년 11월 김정은 위원장이 근로자와 청소년을 위한 승마장으로 바꿀 것을 지시하면서 지금의 승마장이 건설되었다. 불과 7개월 남짓한 짧은 기간에 군인 건설자들에 의해 번개처럼 완공되었다.

승마박물관에서 본 지도자들의 애마

미림승마구락부에 도착한 고객들은 입장 절차를 밟고 나서 먼저 '혁명사적 교양실'에 들르게 된다. 북녘의 역대 최고지도자들의 승마 자료를 전시하고 있는 일종의 박물관이다.

김일성 주석과 김정일 국방위원장, 그리고 현재의 김정은 위원장에 이르는 최고지도자들의 승마(애마, 전투마) 관련 영상물과 문헌들이

4.1____ 젊은 여성이 야외 승마장에서 조심스레 말을 타고 이동 중이다.

전시되어 있었다. 일반 매스컴에서는 전혀 볼 수 없는 새롭고 희귀한
자료들이었다.

첫 번째 코너에는 김일성 주석이 운명하기 직전까지 애용했던 애마와
승마 자료들이 전시되어 있었다. 여가와 스포츠의 차원을 넘어
항일투쟁기에 활약한 혁명가의 모습을 보여주고 있었다.

다음 전시실은 김정일 국방위원장 관련 승마 자료들로 채워져 있었다.
김국방위원장의 애마인 '매봉'이 박제 처리되어 실물 그대로 전시되어
있었다. 수컷인 '매봉'은 그 기품과 위용이 대단해 보였다.
김국방위원장이 운명하기 직전까지 즐겨 탄 애마였는데, 러시아의 푸틴

4.2___ 실내 승마훈련장에서 연습에 여념이 없는 어린이들.

4.3___ 롤러스케이트를 타는 평양 어린이들. 수업을 마친 어린이들이 집 근처의 아스팔트 공지에서 롤러스케이트를 타는 것이 하나의 일과처럼 유행하고 있다.

대통령이 선물로 준 오를로브 종의 특급 종마라고 한다.

세 번째 코너는 김정은 위원장 전시실이었다. 전시물 가운데는 유치원 연령대의 김위원장이 선글라스를 끼고 말을 타는 사진도 커다란 프레임 속에 전시되어 있었다.

김일성 주석은 생존 시 승마를 즐겼다고 한다. 김정일 국방위원장은 1963년부터 2011년까지 모두 408차례 승마장을 찾았다. 김정은 위원장의 승마 횟수는 1990년부터 2013년까지 총 386차례였다. 1995년 한 해에만 149차례 승마 훈련을 받았다고 한다. 해설사와 구락부 관계자들은 설명하는 내내 세 지도자와 관련된 전설적인 승마 일화들을 거침없이 전해주었다.

암컷은 '강(江) 이름', 수컷은 '산(山) 이름'

미림승마구락부 경내에는 여기저기 건축물들이 빼곡하게 들어차 있었다. 이처럼 훌륭한 시설에 왜 굳이 '구락부'라는 명칭을 붙였는지 의아한 생각이 들었다. '구락부'는 영어 단어인 '클럽(club)'의 일본식 표기이기 때문이다.

건물 내부에는 승마박물관 외에도 거대한 규모의 실내 승마훈련장과 승마학교가 자리하고 있었다. 승마 복장과 도구를 제공하는 봉사건물동과 마사(말들의 숙소)는 건축물이 달랐다. 넓은 야외 부지의 대부분은 말을 타는 타원형의 트랙이었다. 인도로, 잔디주로, 토사주로 등 명칭이 생소했다. 토사주로 안쪽의 인공산과 정자각, 칠보산 폭포, 인공연못 등이 멋스러웠다.

수의병원, 종축연구소, 피로회복원, 봉사소, 승마지식보급실, 기초훈련장, 야외승마훈련장, 장제장 등의 시설도 눈에 띄었다. '피로회복원'은 여러 운동 기자재는 물론 최신식 안마기와 샤워실을 구비하고 있었다. 청량음료를 판매하는 매점과 커피숍에는 사람들이 붐볐다.

일반 경주마들은 수명이 보통 25~30년이라고 한다. 이곳에 있는 말들은 이제 겨우 2~3살 된 젊은 말들이다. 러시아 종이 가장 많다. 제주도 토종말처럼 북에도 토종말이 있지만, 토종말은 체구가 작아서 승마에 적합하지 않다. 미림승마구락부는 60여 필의 경주마를 포함하여 모두 110여 필의 말을 보유하고 있다.

40년의 승마 경력을 보유한 곽재영 소장은 말 이름을 짓게 된 사연을 일러주었다. 김일성 주석이 '말 이름을 짓는 것은 우리나라의 순수한 문화 수준의 표현이니, 암컷과 수컷의 이름을 강 이름과 산 이름을 따서 짓도록 하라'고 지침을 주었다는 것이다.

승마를 체험하다

우리 일행은 1인당 2.9달러의 입장료를 지불하고 승마장 시설물을 돌아보았다. 승마를 하기 위해서는 별도의 승마비가 들었다. 한 사람이

1시간 동안 말을 타는 데 드는 비용은 33.4달러였다.

우리는 승마 비용을 절감하기 위해 1인 이용료만 지불했다. 일행 3명이 20분씩 나눠 타기로 했다. 1인 비용을 계산하였기 때문에 말 장화, 모자 등의 복장과 도구는 1인분만 대여되었다.

주행 코스에 들어서니 승마를 배우려는 젊은 청년들과 주민들이 형형색색의 옷을 입고 꼬리를 물고 늘어서 있었다. 모두 담당 교관의 도움을 받으며 승마 연습에 여념이 없었다. 대학생으로 보이는 청년들도 눈에 많이 띄었다.

가까이 있던 젊은 일행을 붙들고 대화를 해보니 그 중의 한 사람은 김일성종합대학교 학생이었다. 학교 강의가 없는 날이라서 친구와 함께 승마를 배우러 왔다고 했다. 그 학생의 친구는 얼굴 모습이 매우 서구적이었다. 내가 미국에서 왔다고 하니까 갑자기 유창한 영어로 말을 걸어 놀라게 했다.

야외 승마 코스에는 내국인, 외국인 할 것 없이 승마 손님들이 많아서 60명이 넘는 교관들이 풀가동되곤 한다고 한다. 우리는 20분씩 번갈아가며 즐거운 시간을 보냈다.

남녀노소 누구나
이용하는 대중 승마장

선진국에서도 승마는 귀족 스포츠로 간주된다. 그렇기에 평양

4.4____ 승마애호가경기에 참가한 선수들이 트랙에서 승마 경주를 벌이고 있다.

한복판에서 승마를 즐길 수 있다는 게 믿기지 않았다.

미림승마구락부는 남녀노소 할 것 없이 승마를 원하는 사람은 누구나 찾아와 이용할 수 있는 곳이다.

승마장이 개장한 지 6개월 만에 벌써 수만 명의 주민들이 이곳 승마장을 찾았다고 한다. 주민들은 승마는 계절을 타지 않는 운동 종목이며, 누구나 쉽게 즐길 수 있는 스포츠로 받아들이게 되었다.

승마장 측에서는 일반 인민들이 말을 타는 데 부담을 갖지 않도록 세심히 배려한다. 어른들이 탈 수 있는 큰 말에서부터 어린이를 위한 작은 말까지 골고루 구비함은 물론, 손쉽게 승마를 배울 수 있는 여건을 만들고 프로그램을 개발하는 데 힘을 쏟고 있다.

대중 승마장이라는 사실을 입증이라도 하듯, 미림승마구락부 정문 입구에는 버스 정류장이 자리 잡고 있었다. 정류장은 도착한 승객들을 내려주는 버스와 막 평양 시내로 출발하려는 버스들이 분주해 보였다. 평양 시내를 다니면서도 미림승마구락부 셔틀버스가 승객들을 태우고 주행하는 모습을 여러 차례 목격할 수 있었다.

최근 들어서는 경마대회가 열리기 시작하였다. 승마운동에 대한 사회적 관심을 높이기 위해서다. 미림승마구락부에서 열린 '가을철 승마애호가경기'에서는 '말 조종 기술경기', '승마유희 경기', '애호가 경마', '전자 가상경마' 등의 흥미진진한 프로그램이 진행되었다. 경마는 남측의 사행성 경마와는 달리 만 12살 이상이면 누구나 참가할 수 있는 건전한 가족경마대회 성격이다.

5.

평양 우표
애호가들의
놀라운
수집 열정

북녘 우표에 눈을 뜨다

초등학생 시절에는 좀 내성적인 성격 탓에 무엇인가를 수집하는
취미를 즐겼다. 여름방학 과제물인 '식물 채집'과 '곤충 채집'을 충실히
제출하여 선생님의 칭찬을 독차지하였으며, 어느 때부터인가는 동네
인근 구멍가게를 돌아다니며 껌 종이를 수집했다.

껌을 씹는 일보다 껌을 포장한 상표 종이를 모으는 일이 더 즐거웠다.
다양한 디자인과 광고문구의 껌 종이를 수중에 넣으면 마음이
뿌듯해졌다. 수집한 껌 종이를 사진용 앨범에 가지런히 정리해두고 껌
종이 하나하나에 담긴 사연과 추억에 매료되어 초등학교 시절을 보냈다.

이것이 지루해질 무렵 곧이어 도전한 것이 '우표 수집'이었다.
초등학교 4학년 무렵 시작한 우표 수집은 고등학교에 진학하기
직전까지 지속되었다. 틈만 나면 면소재지 우체국과 군청이 있는 읍내

우체국을 드나들며 용돈을 쏟아 부었다.

시골 소년에게 우표는 미래를 그리는 작은 화폭이자 호기심 박물관이었다. 흰 습자지가 삽입된 우표 수집 앨범을 구입해 제법 전문가 흉내를 내며 시리즈 우표나 기념우표를 모으는 수준까지 도달했다. 집에 편지가 도착하면 제일 먼저 달려가 봉투에 붙어 있는 우표딱지부터 조심스레 뜯어낼 만큼 극성맞게 우표를 모았다.

고향을 떠나 타지에 있는 고등학교를 진학하면서 우표 수집 취미는 중단되고 말았다. 고향집 다락방에 보관했던 앨범들은 일가친척들의 손을 타거나 어느 해인가 발생한 남한강 대홍수로 유실되어 흔적도 없이 사라졌다.

성장한 후에는 잠시 국내외 '화폐 수집'에 취미를 두었을 뿐 평생 목회 활동에만 전념하며 바쁘게 살아왔다. 그런데 최근 다시 우표 수집의 추억 속으로 강하게 이끌리게 되었다. 개관한 지 몇 달 안된 '조선우표박물관'을 방문한 것이 계기였다. 누구나 쉽게 접할 수 없는 이북 우표와의 만남은 마치 미지의 세계를 탐험하다 신세계를 발견한 듯한 스릴과 쾌감을 안겨주었다.

평양 우표 애호가들의
수집 열정에 놀라다

처음 '조선우표박물관'을 찾은 때는 박물관이 갓 준공된 2012년

10월이었다. 박물관이 문을 연 지 반년쯤 지난 뒤였다. 이듬해 '전승절 60주년(정전협정 60주년)'을 기념하는 '승리의 7·27' 우표 전시회 때도 들렀다. 그 후 방북할 때마다 틈을 내서 박물관을 찾았다.

'승리의 7·27' 우표 전시회장에서 만난 '조선우표애호가동맹'의 최철만 부위원장은 이북 전역에 상당히 많은 우표 수집가들이 활동하고 있다고 귀띔해주었다.

"부위원장님, 조선(이북)에서도 이처럼 수천 종류의 다양한 우표가 발행되는 것이 참 놀랍습니다. 우표를 수집하는 분들도 꽤 있는 것 같은데 신기할 뿐입니다."

"최선생님이 잘 모르셔서 그렇습니다. 우리 공화국의 우표는 세계적으로 명성이 높을 뿐 아니라, 우리나라 우표 애호가들 중에는 30년 이상 수집한 분들도 상당히 많습니다. 의사, 교원, 로동자, 농민 등 다양한 분야의 사람들이 있으며, 지어(심지어) 소학교 학생들부터 대학생까지 다양합니다."

"네, 그렇군요. 여기 조선우표박물관 말고 또 평양 시내 어디를 가면 우표를 구경하거나 구입할 수 있습니까?"

"평양에도 아주 많습니다. 우편국에 가면 당연히 우표를 판매합니다. 여기서 가까운 개선문에 가면 거기서도 애호가들을 위한 우표책을 팔고 있으며, 평양 시내 참관지나 상점에서도 팝니다. 평양역 부근에는 전문적인 우표 상점들이 있는데, 우리 공화국의 우표 애호가들이 가장 많이 찾아와 리용하는 곳입니다."

이북 우표는 혁명정신과 주체사상을 담은 정치적인 우표가 많을 거라고 생각했다. 실제로는 그렇지 않았다. 1970년대 후반부터 1980년대 초반을 전후하여 우표의 소재가 매우 다양해졌음을 확인할 수 있었다.

현재 이북 우표는 전 세계 우표상과 애호가들에게 점점 인기가 치솟고 있는 추세다. 각종 국제우표전람회나 대회에서 상을 휩쓸고 있기도 하다. 우표박물관이 세워지기 전에는 이런 에피소드가 있었다.

2011년 7월 중순, 네덜란드의 어느 우표상이 우표 수집차 보름 일정으로 이북을 방문했다. 그런데 귀국 예정일이 지나도록 암스테르담에 나타나지 않았다. 가족들은 걱정이 되어 실종 신고를 했다. 나중에 확인한 결과 그 네덜란드인은 외국 첩자로 오인을 받아 보안당국에서 2주 동안 조사를 받았다고 한다. 평양 시내에서 우표를 수집하던 중 안내원을 따돌리고 혼자 돌아다니며 우표를 구입한 것이 빌미가 되었다. 다행스럽게도 누명이 벗겨져 그는 무사히 풀려났다.

**이북 우표의 발전역사를
보여주는 '조선우표박물관'**

이번 일정 중에는 '조선우표박물관'에 국한하지 않고 평양역 부근에 자리한 우표 수집 상점들과 개성에 있는 '조선우표전시장' 등을 찾아가기로 마음먹었다. 외국의 우표 수집상들과 이북의 애호가들이 즐겨 찾는 곳으로 소문난 곳들이다.

새로 발행된 우표를 구경할 기대감에 잔뜩 부풀어 조선우표박물관을 향했다. 마침 평양 고려호텔과 붙어 있다시피 해서 어느 때든지 편리하게 찾을 수 있는 곳이다.

박물관 로비를 지나 2층으로 올라가면 300평 남짓한 전시실이 나온다. 우리나라에서 우표가 발행되기 시작한 조선 후기부터 일제강점기를 거쳐 해방 후 이북 우표의 발전 과정을 보여주는 역사가 파노라마처럼 전시실을 가득 채우고 있었다.

"선생님 반갑습니다. 지난봄에도 여기를 오셨더랬지 않습니까? 혹시 이번에도 찾으시는 우표가 있으십니까?"

"아, 반갑습니다. 그동안 잘 계셨지요? 천천히 돌아보고 맘에 드는 책자가 있으면 구입하려 합니다. 혹시 바쁘지 않으시면 처음 방문한 제 일행을 위해 전시실을 한 바퀴 돌며 간단히 설명해주실 수 있을까요?"

이곳은 다른 참관지처럼 방문객들을 위한 해설사가 배치되어 있는 곳은 아니다. 하지만 정전협정 60주년 우표 전시회처럼 특별한 전시가 있을 때는 해설사들이 배치되곤 한다. 그때의 친절한 해설이 기억나서 안내를 요청하였다.

"일없습니다. 잠깐 한 바퀴 돌면서 설명을 드리겠습니다. 우리 조선의 130년 역사를 고스란히 지닌 채 조선 우표의 발전력사를 모두 보여주고 있는 조선우표박물관은 우리 장군님의 깊으신 배려와 사랑으로 이곳에 새로 꾸리게 되었습니다. 이로써 우리나라의 귀중한 문화적 재부를 보존하고 인민들이 문화정서 생활을 다양하게 누릴 수 있게 된 것입니다."

설명하는 봉사원의 눈길을 따라 내 시선도 자연스레 유리전시관 안의

우표첩으로 향했다. 김정일 위원장이 청소년 시절에 취미로 수집했다는
우표 수집첩도 서너 권 전시되어 있었다.

"우리 조선에서는 우표를 단지 통신에만 리용하는 증권으로만 보지를
않습니다. 오늘날의 우표는 그야말로 '꼬마 외교관'이자 '종이 보석'으로
불릴 정도로 그 가치는 실로 대단합니다. 왜냐하면 우표는 그 나라들마다
주권국가의 상징물이며, 그 나라의 정치를 반영하며, 경제, 군사, 문화의 발전
수준도 보여주기 때문입니다. 또한 우표는 각 나라마다 그 나라의 력사와
전통은 물론 인민들의 감정과 정서도 잘 나타내주고 있기 때문입니다."

사회주의 국가인 이북에서 '증권'이라는 자본주의 경제용어를 사용하는
것이 매우 신기해 질문을 하고 싶었으나, 해설을 끊을 것 같아 절제하고
넘어갔다.

"지금까지 조선(이북)에서는 대략 얼마나 많은 종류의 우표가
발행되었습니까?"

"우리나라에서는 해방 직후인 1946년 3월에 위대한 김일성 동지의
세심한 지도 속에 첫 우표인 '삼선암'이 발행되었으며, 그 이후로 지금까지
6천여 종의 우표가 다양하게 발행되었습니다. 우리 조선 우표가 걸어온
력사가 집대성된 곳이 바로 이 '조선우표박물관'입니다. 1884년에 부르주아
혁명과 더불어 발행된 '문위우표'부터 지금까지 발행된 모든 우표들이 다
전시되어 있는 이곳을 돌아보노라면 우표야말로 력사의 기록자라는 말을
실감하게 되실 겁니다."

"저는 '꼬마 외교관'이라는 말과 '종이 보석'이라는 표현이 참 맘에
듭니다."

"이곳을 찾는 외국의 우표 애호가들은 전통적으로 내려오는 우리 민족만의 독특한 색채와 조선의 우표에서만 느낄 수 있는 멋스러움에 대해 각별한 관심을 가지고 있습니다. 동시에 조선 우표에는 보는 이들로 하여금 정신을 맑게 해주는 매력이 있으며, 우리 민족성을 뚜렷하게 표현하고 있다는 것에 대해 해내외 동포들과 외국인들은 한결같이 우호적인인 평가를 내려주고 있는 실정입니다."

다양한 소재와
장르를 자랑하다

자세히 들여다보니 방문할 때마다 전시물들이 조금씩 업그레이드되는 것을 느낄 수 있었다. 국제우표전람회에 출품하여 수상한 상장과 메달들도 전시되어 있었다. 특히 이탈리아 릿치오네 90' 대회와 91' 대회에서 받은 상, 그리고 프랑스에서 개최된 92' 세계우표대회에서 받은 아시아상 등이 눈길을 끌었다.

"이곳은 시기별로 각종 우표와 우편봉투, 엽서들이 정치, 군사, 경제, 문화 등 분야별로 종합적으로 전시되어 있으며, 조선 우표의 발전력사를 보여주는 수천여 점의 우표와 유물자료들이 년대별, 내용별로 진렬되어 있습니다. 저기 벽면에 보이는 우표가 바로 1884년 11월에 처음으로 발행된 2종의 문위우표입니다. 그 옆은 1900년 1월에서 1901년 5월에 만들어진 리화보통우표, 고종황제 즉위 40돐

5.1___ 경락의 실체를
규명한 봉한학설의 창시자
김봉한 박사를 기념해
발행한 우표.

5.2___ 1989년
평양 세계청년학생축전
개최를 기념해 동독에서
발행한 기념우표.

기념우표를 비롯한 조선봉건왕조 시기에 발행된 수십 종의 우표입니다. 또한 이것이 바로 우리나라가 해방된 이듬해인 1946년 3월 12일에 나온 조선의 첫 우표인 '무궁화'와 '삼선암'입니다."

눈길을 사로잡는 우표는 근대화 과정을 담은 조선시대의 우표들과 이북 최초의 우표인 '무궁화' 시리즈였다. '무궁화' 우표는 푸른색과 붉은색 바탕에 무궁화가 도안되어 있었다. 발행 연도가 표시되지 않고 한문을 사용한 것이 특징이었다.

일제강점기의 우표와 엽서 자료들도 상당 부분을 차지하였다. 6·25 전쟁 시기에 서울을 점령한 기념우표도 전시되어 있었다. 서울을 점령한 지 1주일도 채 안돼 기념우표가 발행된 것으로 보아 북측이 철저하게 준비한 전쟁이라는 것을 알 수 있었다. 남북정상회담 관련 기념우표는 남북 관계의 굴곡을 말없이 들려주고 있었다.

세계 각국과 문화를 교류하면서 발행한 우표와 양각 음각이 뚜렷한 입체우표, 우표 카드, DVD 우표 등 희귀한 우표 버전에도 눈길이 갔다. 천공우표는 천공기계가 제대로 작동하지 않던 시절에 발행된 것이라서, 우표의 천공들이 톱니바퀴처럼 일정하지 않고 쥐가 뜯어먹은 것처럼 구멍의 크기가 제각각이었다.

가장 화려하고 눈에 띄는 우표는 김일성 주석과 김정일 국방위원장 관련 우표였다. 부친과 함께 등장한 김정은 위원장 우표도 두세 장 눈에 띄었다. 하지만 최고지도자들에 관한 우표는 생각보다 종류가 많지 않았다.

필자의 마음 한편을 사로잡은 우표는 이북을 대표하는 동식물과 자연 시리즈물이었다. 스포츠, 역사 인물, 음악, 문화 유적, 유물, 우주, 과학, 교통수단, 수예, 미술, 영화 등을 소재로 한 우표들이 매우 다양하였다. 콜럼버스의 아메리카 대륙 발견 500주년, 진화론을 주장한 찰스 다윈의 탄생 190돌, 노벨 탄생 150주년, 피카소 탄생 100돌, 김정호의 대동여지도 발행 150돌 등 기념 우표도 많았다.

한일 간의 이슈로 떠오른 독도 우표도 눈길을 끌었다. 독도 지도 우표에는 지네바위, 군함바위, 닭바위, 초대바위, 얼굴바위 등 바위섬들이 표시되어 있어서 매우 특이하게 보였다. 이북에서도 독도에 큰 관심을 갖고 있는 것이 고마웠다.

우표 수집 마니아와의
우연한 만남

오늘 따라 박물관 내부는 의외로 한가하고 조용했다. 우표를 구입하기 위해 우표 판매대에 놓인 최신 우표들을 살펴보다가, 이번에는 문화재, 동식물, 자연 시리즈물을 구입하기로 결심하고 계산대로 향했다.

우표 낱개의 가격은 천차만별이었다. 이북 주민들이 사용하는 일반적인 편지봉투에 사용하는 우표 값은 10전부터 90전까지였다. 그 다음 단계의 가격은 1원, 10원, 20원, 100원, 200원 등 다양했다. 수집가들은 낱개보다는 시리즈나 책자를 통째로 구입하는 편이다. 비용을 절감할 수 있고, 매입 후 가치가 더 올라가기 때문이다.

"우표 애호가들이 이곳에 자주 들르는 편입니까?"

"물론 꾸준하게 찾아오는 편입니다. 평양뿐 아니라 지방에서 찾아오는 경우도 아주 흔합니다."

때마침 한가해 보이던 전시실에 평양 시민으로 보이는 서너 명의 남성이 들어섰다. 통역 안내원을 대동한 외국인 일행도 나타났다. 우표 판매대에서 우표책자를 뒤적이고 있던 방문객 중의 한 명이 봉사원과 필자의 이야기를 듣고 있다가 대화에 날름 끼어들었다.

"미국에서 오신 동포십니까? 저도 우표 애호가입니다만, 우리나라 애호가들은 우표 수집을 단순히 취미나 흥밋거리로 하지 않습니다. 우표를 수집하게 된 경위나 사연은 저마다 다르더라도 모든 애호가들에게는 한 가지 공통된 심리가 흐르고 있습니다. 그것은 바로 우리 조국의 발전력사가 함축되어 있는 조선 우표를 더 없이 소중히 여기는 마음입니다."

어쩌면 그리도 반듯한 마음가짐을 지니고 있는지 마치 착한 모범생 같았다. 인쇄업에 종사하고 있다는 그는 27년째 우표를 수집하고 있다며 은근히 자랑하였다.

"우표를 하나하나씩 모을 때마다 우리나라와 세계 여러 나라들의 력사와 전통, 문화에 대해 더 잘 알게 되며, 제가 인쇄 분야에서 일하는 데 더 깊은 안목과 조예를 가질 수 있게 해주고 있습니다. 이제 우표 수집은 생활에서 뗄 수 없는 한 부분이 되었으며, 수집한 우표를 우표첩에 끼워 넣을 때의 쾌감은 이루 말할 수 없습니다."

새롭게 시작되는
박물관 프로젝트

구매한 우표를 포장하며 대화를 나누던 판매 봉사원은 아직
공개되지 않은 박물관 프로젝트를 무심코 알려주었다.

"우리 인민들 사이에 우표가 얼마나 많은 관심을 받고 있는지
선생님도 점차 아시게 될 겁니다. 우리 박물관에서는 다음 달부터
우리나라 전 인민을 대상으로 해방 이후 지금까지 우리 조선에서
발행된 모든 우표와 우표 관련 유물을 발굴하고 수집하는 사업을
진행합니다."

"아, 그래요? 주로 어떤 것들을 수집합니까? 인민들이 유물을
가져오면 돈을 줍니까?"

"그렇습니다. 당연히 제값을 주고 매입합니다. 사용된 우표든
사용하지 않은 우표든 모두 매입할 것이며, 우표가 붙어 있는 엽서와
편지봉투들도 수집합니다."

"웬만한 집에서는 편지봉투들을 모아두고 있지 않을까요?"

"그렇지 않습니다. 집안에 있던 옛날 물건들을 모두 내다 버려서
남아 있는 것이 별로 없는 실정입니다. 그래서 지방에 있는 옛날
우편국 물품들도 저희가 몽땅 수집을 합니다. 우편통신원(우체부)이
입고 다니던 복장과 들고 다니던 통신원 가방은 물론 거리에 놓여 있던
우편함이며 우표를 찍는 데 리용된 인쇄 장비와 각종 수송기재들도
모두 수집합니다."

"그런 유물들이 모아지면 박물관을 또 하나 건축해도 되겠는데요?"

"그럴 계획입니다."

과거의 우편역사를 체계 있게 정리하여 제대로 된 우편박물관을 건축하려는 듯 보였다. 우표 구입을 마치고 박물관을 떠나려 하니 판매대에 비치된 각종 우표 시리즈물과 책자들이 눈에 밟혔다. 마치 자신들을 찾는 손님을 애타게 기다리는 듯했다.

5.3____ 남새(채소)와 과일 시리즈 우표.

6.

북에서
보낸 쌀로
남에서
떡을 해 먹다

아침 일찍 평양호텔을 출발하였다. 황해북도에서 가을걷이 추수를 돕고 황해남도 평야지대를 둘러볼 예정이었다. 대동강 다리를 건넌 차는 이내 력포 구역을 중심으로 펼쳐진 평양평야를 통과하였다. 벼농사뿐 아니라 각종 채소와 과수 등의 농경지로 변모한 지 오래였다.

황해북도에 진입하니 풍요로운 가을 들녘에서 서너 명씩 분조 단위로 벼베기하는 모습이 눈에 띄었다. 따사로운 가을 햇살 아래 황금 벼이삭들은 풍년을 위해 그동안 드려온 기도에 묵직한 낟알로 응답하는 것 같아 은혜롭기까지 했다.

그동안 나는 '도대체 왜 이북에 쌀 부족 현상이 일어나는 것일까?' 라는 원초적 의문을 품고 있었다. 드넓고 풍요로운 가을 들녘은 역설의 광경이 아닐 수 없었다. 이북의 곡창지대인 황해남북도 일대와 다른 여러 농촌지역을 모두 돌아보고서야 차츰 의문이 풀리기 시작했다.

내 삶의 블루오션,
양평에서 평양까지

원래 나는 경기도 양평군 개군면에서 태어나 양평과 여주에서
고등학교까지 다녔다. 부모님은 한평생을 오직 '농자천하지대본'의
원리대로 사셨다. 농부의 아들로 태어난 나는 유년 시절부터 학창
시절까지 틈틈이 부모의 농사일을 거들며 보냈다. 그 후 미국에 유학을
와 이민 목회자로 정착하면서도 한시도 고향의 논밭과 산천을 잊어본
적이 없다.

농사를 직접 지어본 경험이 있는 사람이라면 쌀과 대지의 소중함을
누구보다 잘 알 것이다. 쌀에 대한 '미학(米學)'은 곧 그 사람의
인생철학과 가치관에도 영향을 준다. 한국의 전형적인 농촌인 양평에서
태어나 자란 내가 평양을 방문해 농업과 식량생산에 관심을 갖는 것은
어쩌면 당연한 일이다.

존경하는 농학자 김필주 박사가 농사에 관심을 갖도록 계기를
제공해준 곳은 다름 아닌 내 고향이다. 김박사가 6·25전쟁 때 피란을
간 곳이 바로 양평이었다. 김박사는 그 후 서울농대와 미국 코넬대를
졸업하고 미국의 유명한 종자회사에 근무하다가 이북의 옥수수 종자
개량을 돕기 시작하였다. 그것이 계기가 되어 현재는 이북 농업
분야에서 없어서는 안될 독보적인 존재로 헌신하고 있다.

'평양'을 방문하는 내게 '양평'이라는 단어는 구순의 노모가 생존해
계신 고향이자 '평양'이라는 미지의 세계를 품는 '다리(bridge)'이기도

6.1 _____ 평양-개성을 이어주는 고속도로를 달려 황해도 일대를 둘러보았다.

하다. 이처럼 양평과 평양은 마치 동의어처럼 친근할 뿐 아니라 내
삶의 블루오션으로 다가온다.

사리원 미곡협동농장을
방문하다

우리 일행은 미국을 출발하기 전부터 평양에서 멀지 않은 황해도
지역의 가을걷이 농사일을 돕기로 계획했다. 협동농장을 찾아가 한 해
동안 수고한 농부들의 거친 손을 잡아주고, 벼베기하고 탈곡하는
일손을 돕고 싶었다.

우리가 당도한 곳은 이미 지명도가 널리 알려진 황해북도 사리원의
미곡협동농장이었다. 안타깝게도 그곳은 이북 지도자들이나 외국
방문객들이 빈번히 방문하는 모범 농장이었다. 진정으로 가보고
싶었던 곳은 이름 없는 시골의 작은 농촌마을이었지만 어쩔 수
없었다.

산중턱의 정자 모양 전망대가 멋스럽고, 아늑한 문화주택이
산기슭을 따라 즐비하게 늘어서 있었다. 집집마다 비행기 프로펠러
모양의 풍력 발전 시설이 굴뚝처럼 우뚝 서 있는 것이 이채로웠다.
'살구동네'니 '추리동네'니 하는 마을 이름이 서정적으로 다가왔다.
마을 한복판에는 생필품을 판매하는 상점과 문화후생시설, 공공건물
들이 자리하고 있었다.

6.2____ 미곡협동농장 주택단지 전경.

농경지가 내려다보이는 발코니 언덕에 당도하니 시원스레 펼쳐진
평야와 마을 군락들이 한눈에 들어왔다. 농장 책임자와 해외동포
담당자가 우리를 마중 나와 기다리고 있다가 반갑게 맞아주었다.

"그나저나 미국에 사시는 최선생님이 이런 힘든 일을 직접 하실 수가
있겠습니까? 농사일이 보기보다 결코 쉬운 일은 아닙니다."

"아, 그럼요. 저도 예전엔 고향에서 농사를 지어봤기 때문에 일(문제)
없습니다. 제가 3년 전에 평의선 국제열차로 출국하면서 평양에서
신의주까지 여행한 적이 있습니다. 평안도 지역은 농사도 아주 잘됐고
농경지도 반듯하게 정리됐더군요. 이번에 황해도 지역을 돌아보니
오히려 다른 지역보다 농지정리가 더 잘된 것 같습니다."

1부 _ 평양에서 서울로 카톨을 띄우다

"맞습니다. 다른 곳과는 달리 우리 미곡농장의 전체 성원들과 근로자들이 농지정리 사업을 추진할 때 우리나라의 쌀독을 책임졌다는 높은 자각을 안고 모두가 일떠섰기 때문에 이런 좋은 결과가 나왔습니다. 아마 공식적으로 첫 토지정리를 하던 해인 2000년 정월인가 우리 장군님이 태천군(평북) 농지정리 사업 현장을 찾아주셔서 하신 말씀을 저와 온 일꾼들이 아직도 생생이 기억하고 있습니다."

"…?"

"아, 그때 우리 장군님이 '이제는 한드레벌이 천지개벽이 되고 완전히 달라져서, 앞으로는 해방 전 옛날 지주들이 자기들 토지문서를 가지고 찾아와서 자기 땅을 찾아 달라고 해도 이젠 찾을 수 없게 되었다'고 말씀하시면서, 예전과 완전히 달라진 지평선을 흐뭇하게 바라보셨습니다."

시간이 촉박한 우리 일행은 대화를 나누면서 벼베기 농장으로 향했다. 논바닥에 도착하니 벌써 주변은 이미 오래 전에 벼베기가 끝나 있었다. 그럼에도 특별히 우리 일행을 위해 100평 남짓 남겨 두었다고 한다. 튼실하게 익어 있는 누런 벼이삭들을 바라보니 감격스러웠다.

작업복 차림이었던 나는 장갑을 끼며 벼를 벨 수 있는 낫을 달라고 요청했다. 알고 보니 미곡협동농장은 트랙터로 벼를 베는 기계화 농장이어서 낫이 아예 존재하지 않았다. 농장에서는 미처 낫을 준비할 생각을 못한 듯했다. 담당자들이 허둥대며 어디선가 간신히 낫 세 자루를 가져왔다. 그나마 한 자루만 쓸 만했고, 나머지 두 자루는 사용할 수 없을 정도로 부실했다. 농사 경험이 많은 내가 좋은 낫을 들고 벼를 베기 시작했다. 일행들은 엉성한 낫을 들고 나를 뒤따랐다.

북에서 보낸 쌀로
남에서 떡을 해 먹다

벼를 베면서 우리는 재미있는 이야기로 웃음꽃을 피웠다. 농장 관리원들은 롱(농담)을 제법 잘했고, 흐뭇한 얼굴로 벼 베는 일을 참견하며 도와주었다.

"제가 이번에 돌아다니면서 보니까 누런 들판이 눈에 많이 띄던데, 올해는 전반적으로 좀 풍년이라고 보면 됩니까?"

"예, 그렇습니다. 이번에 왕가물(큰 가뭄) 때문에 걱정을 많이 했는데 다행히도 풍년입니다. 이악하게(악착스럽게) 투쟁한 결과입니다. 그런데 최선생님, 혹시 저희가 몇 년 전에 남조선에 쌀 보냈다는 말을 들어보셨습니까? 그때 우리가 보낸 쌀로 대학생들이 떡도 해서 먹었다는 소식을 나중에 전해 들었는데…"

"예? 언제 쌀을 보냈나요? 그동안 남쪽에서 쌀을 보내면 보냈지, 북에서 무슨 쌀을 보냈다는 겁니까? 예전에 전두환 대통령 시절에 남쪽에 큰 홍수가 났을 때 북에서 구호물자로 쌀과 옷감을 보내준 사실은 알고 있지만, 혹시 그때를 말씀하시는 거예요?"

"아이구, 그게 아닙니다. 그게 언제 적 일인데요. 남조선 농업대학에서 학생들을 가르치는 박교수님이라는 분이 직파기를 개발해서 맨 처음 우리 황해도 사리원에 있는 밭 농장을 방문해 시범적으로 기계를 보급하지 않았습니까? 김필주 박사님이 다리를 놓아주셨지요. 그해 우리 밀농사가 그 직파기 덕을 크게 봤단 말입니다. 아마 로무현 대통령 때 우리 지역에 방문하기 시작해서 그 후로도 우리 조국에 아주 자주 오셨단 말입니다."

"아, 저는 김필주 박사님에 대해서는 알고 있지만, 직파기나 박교수님 이야기는 잘 모르는데…"

"그때 우리 농장과 봉산농장에서 시범적으로 밀농사 직파기가 성공하니까, 그 다음에는 숙천군 약전리 농장과 순안공항 부근에 있는 천동리 농장에서 시범적으로 벼농사 직파기를 활용해 마침내 두 배 가까이 쌀농사 수확량을 올렸단 말입니다. 약전리 협동농장은 그해 전국 농업 부문 생산량 대회에서 1등을 차지했단 말입니다."

"아, 그런 일이 있었군요."

"저도 직접 봤지만 그 기계는 참 신기해요. 모내기를 할 필요가 없어요. 볍씨가 싹이 나면 그 발아 볍씨들을 기계가 직접 땅에 심어줄 뿐 아니라 비료도 뿌려주고 흙을 덮어주기까지 한단 말입니다. 그리고 벼가 성장하는 데 필요한 모든 작업을 알아서 척척 해주니까 힘든 로동도 줄여주고 비료도 적게 들어간단 말입니다. 생산비도 많이 절감될 뿐 아니라 열 명이 할 일을 서너 명으로 줄여주고 수확량도 높아져서, 당시에 저희들은 매우 신기하게 생각했습니다."

"그렇다면 박교수님은 이제 농장에 안 오십니까?"

"리명박이 막는 바람에 오고 싶어도 못 오지요. 우리가 직파기를 가지고 그해 밀농사의 시작부터 잡도리(준비)를 단단히 해서 첫 수확을 하고 나니 수확량이 아주 많아졌습니다. 그리고 이듬해는 저쪽 약전리 농장이 가을 벼농사에서 큰 수확을 거둬 영광스럽게도 김일성훈장을 받고 나니까 경사가 났지요. 그래서 그동안 수고한 남측 관계자분들을 모두 불러서 농장 마당에서 햅쌀로 떡 잔치도 했지 않았습니까? 그리고 너무 고마우니까 농장원들이 회의를 열어서 박교수님한테 맛이라도 좀 보시라고 햅쌀 5톤을 인천항으로 보냈단 말입니다."

농장 책임자가 말한 박교수라는 분은 수원에 있는 한국농수산대학에서 작물학을 가르치는 박광호 교수였다. 박교수는 해외연구소에서 주도하는 벼농사 직파기 기술개발 프로젝트 과학자로 발탁된 것이 계기가 되어 직파기를 개발했다고 한다. 자신이 개발한 '다기능 복토직파기(BOKTO Multi Seeder)'를 개발도상 국가에 보급하던 중에 북에도 진출하게 되었는데, 2005년부터 3년 동안 한민족복지재단의 후원을 받아 기계 값이 대당 천만 원에 이르는 직파기를 트랙터와 함께 다섯 대씩 두 곳의 협동농장에 무상 제공하고 직파농법을 전수했던 것이다.

북에서 감사의 표시로 보낸 쌀을 받은 박교수와 복지재단은 인천항에 도착한 쌀의 용도를 정부와 협의한 끝에 2kg 단위로 포장해 '평화의 쌀'이라는 이름으로 실향민들의 설날 차례용품으로 나눠줬다고 한다. 전북일보는 이 쌀의 일부를 전달 받아 전주 시민들과 함께 나눠 먹는 '평화의 비빔밥' 행사를 개최했고, 부산 지역의 고신대학교와 동의대학교에서도 쌀의 일부를 전달 받아 학생들과 교직원들이 '평화의 떡'을 만들어 먹었다.

두건으로 구별된
포전 식구들과의 탈곡작업

　나는 벼베기 작업을 하면서 이북 농업과 관련한 질문을 마구 쏟아냈다. 그러자 안내원은 어디론가 손전화를 걸어 질문에 답변할 만한 인물을 찾기 시작했다. 때마침 농업 정책을 아주 잘 아는 관리 한 명이 근처에 머물고 있는 것이 확인되어 그에게 도움을 요청하였다. 벼베기를 마치고 이동하면서 헐레벌떡 도착한 관리와 농장 책임지도원에게 궁금한 사항을 질문하였다.

　"현재 조선(이북)의 농업 부문 인구는 모두 얼마나 됩니까?"

　"예, 그전에 먼저 우리 공화국의 인구가 올 여름까지 정확하게 꽉 찬 2,500만 명이라는 것을 아셔야 합니다. 올해 들어 공식 발표된 겁니다. 그중에서 농촌 인구가 1,000만 명 정도 되며, 농업 부문에 종사하는 일꾼들은 어림잡아 300만 명 정도입니다."

　"그러면 토지나 경작지 면적이 얼마나 되는지 알고 계시면…?"

　"우리 공화국의 토지는 총면적이 1,200만 정보이고, 농지 면적은 260만 정보입니다. 그 중에 실제로 경작하고 있는 농경지 면적은 230만 정보가 된다고 보시면 됩니다."

역시 농업 행정 전문가다운 지식을 갖추고 있었다. 탈곡하는 장소에 도착하니 12명의 남녀 농장원들이 탈곡에 열중하고 있었다. 여성 근로자가 10명, 남성 근로자가 2명이었다. 남성 2명은 탈곡기를 작동하고 관리하는 담당자였다. 탈곡기 여기저기에 한자 표기 상표들이 붙어 있는 것으로 보아 중국 제품으로 보였다.

탈곡기 옆으로 달려들어 볏단을 투입구에 집어넣는 작업에 합류했다. 나중에는 탈곡된 알곡을 가마니에 담아 포장하는 작업과 탈곡이 끝난 볏짚을 논바닥으로 옮기는 작업을 도왔다. 작업에 열중하면서도 곁에 있는 농장 책임자에게 연신 질문을 쏟아냈다.

"작업하는 농장원 일꾼들은 서로 어떤 관계입니까?"

"여기 탈곡하는 일꾼들은 우리 분조에 소속된 두 개의 포전 식구들입니다. 여성 일꾼들의 머리를 자세히 보십시오. 다섯 명은 빨간색 수건을 쓰고 있고, 나머지 다섯 명은 하얀색 수건을 쓰고 있지 않습니까? 모두 같은 분조 사람이지만, 포전 소속은 달라서 저렇게 수건으로 구분한 것입니다."

"포전별로 농사는 따로 짓고, 탈곡은 분조가 같이 한다는 말씀인가요?"

"그게 아니고 애초부터 못자리, 모내기, 김매기, 비료나 농약 주기, 잡초 제거 등은 자기 포전 식구들이 책임지고 해야 됩니다만, 분조에 속한 다른 포전 식구들도 서로 왕래하며 그런 일들을 도와줍니다. 그러나 벼베기나 탈곡 작업은 기계가 하는 일이니만큼 작업반 안에서 분조 단위끼리 서로 협력해서 한다고 보시면 됩니다."

"농장 조직이 어떻게 편성되는지 좀 자세히 알려주세요. 사실은 저도 많이 헷갈립니다."

"우리 공화국에는 오래 전에 행정개편을 했기 때문에 '도'와 '군'과 '리'는 존속하고 있지만, 이미 '면' 단위가 없어졌지 않습니까? 그래서 각 군에는 적게는 20개, 많게는 25개 정도의 큰 '리'가 조직돼 있고, 그 '리' 단위마다 큰 협동농장들이 있습니다."

"아, 그럼 이곳이 바로 '리 단위 농장'이라고 보면 됩니까?"

"그렇습니다. 협동농장에는 관리장(관리위원장)과 리당 비서가 있습니다. 또 부관리장과 기사장과 부기장이 있습니다. 부기장 아래는 부기원 두 명이 딸려 있단 말입니다. 작업반장, 노동지도원, 계획지도원, 통계원, 기술지도원도 중요한 일들을 맡고 있습니다. 어디 그뿐입니까? 창고장, 마당장, 분조장 들이 1년 내내 열심히 뛰어다니고, 또 연구실 관리원, 선전원, 기동예술 선전대 등 많은 농업 일꾼들이 있어서, 이들을 모두 합치면 대략 40~50명이 됩니다."

"포전제가 되고 나서도 그런 분들이 계속 농장에서 필요한 건가요? 포전제는 현재 어떤 식으로 진행되고 있습니까?"

"그러니까 각 '리' 단위 농장은 또다시 다섯 개 정도의 작업반으로 나눠져 있고, 그 작업반은 다시 서너 개의 분조 단위로 나눠집니다. 지금까지는 분조원이 대략 10명에서 15명 정도였는데, 얼마 전부터 이 분조가 다시 서너 개의 포전 단위로 나눠졌습니다. 기존 식구들 중에서 나누기도 했고, 아예 새롭게 인원을 조직하기도 했습니다. 한 포전에 대략 다섯 명 정도입니다."

6.3___ 머리에 쓴 두건의 색상으로 포전 식구들이 구분된다. 맨 좌측 검은 모자에 청바지 차림은 필자.

"포전제라는 것이 원래는 어디서 나온 겁니까?"

"포전제는 원래 우리 공화국에서는 '부침땅'이라고 부릅니다. 토지정리할 때 뙈기밭과 자투리 논밭을 정리해서 1,000평, 1,500평 2,000평 단위의 큼직한 부침땅을 만든 것이지요. 그러니까 토지정리를 끝낸 논밭을 포전이라고 보면 됩니다. 그 포전을 서너 명의 식구들이 책임지고 열심히 농사지으라는 것입니다."

"그럼, 분조 단위는 아예 없어진 건가요? 포전제는 가족 단위 위주로 조직된 것으로 아는데…?"

"아, 네. 포전제를 하면서 분조가 없어진 것이 아닙니다. 분조장도 그대로 있고, 분조원도 그대로 있습니다. 다만 효율적으로 생산성을 높이기 위해서 분조를 포전 조직으로 나눈 것이기 때문에, 오히려 분조장의 역할이 이전보다 더 커졌단 말입니다. 꼭 분조 식구라고 해서 한집에 사는 식구로만 조직된 것이 아닙니다. 같은 집안에 로동력이 있는 사람들이 많으면 자기 집안 식구들로만 조직된 포전도 있고, 이웃에 사는 친한 사람들끼리 조직된 포전도 있고, 집안 식구와 이웃이 섞여 있는 포전도 있습니다. 포전 인원과 조직은 사정에 따라서 모두 다르고 다양합니다. 중요한 것은 책임을 지고 자기들이 일한 만큼 수확을 가져가는 것이라서 열심히 일들을 합니다."

"포전은 대략 한 명당 어느 정도 크기의 땅이 지급됩니까?"

"아주 중요한 말씀입니다. 그런데 최선생님은 미국에 사시면서 우리 조선의 농업을 어떻게 그리 많이 아십니까? 참으로 놀랍습니다. 한 명당 그저 1,000평(다섯 마지기) 정도라고 보시면 됩니다. 그동안은 모든 농장에서 수확량을 나눌 때 평균주의를 분배 원칙으로 삼았단 말입니다. 우리 원수님께서 농업 생산에서 대혁명을 일으키기 위해서 연구하시던 중에 평균주의는 농장원들의 생산의욕을 저하시키는 역작용을 한다고 결론을 내리시고, 이번에 이런 포전제 조치를 내리신 겁니다."

"한 사람이 농사를 짓기에는 너무 일이 많은 것 아닙니까?"

"아닙니다. 오히려 땅을 더 받으면 좋겠다는 말들을 합니다. 분조 단위를 포전제로 하고 나니, 우리 조합원들은 아주 다들 좋아합니다. 넓은 땅을 무상으로 거저 받았고 본인 땅이나 마찬가지니까 이전보다 정신력과 생산열의가 더 켜졌단 말입니다. 열심히 할수록 식량을 많이 갖게 되니까 그 어느 때보다 작업에 대한 열성이 더 높아졌단 말입니다."

전국의 협동농장들은 포전제를 통해 그동안 가장 말단 단위였던 분조 단위의 규모를 가족 단위로 재축소한 것으로 보인다. 가족이 아니면서 포전 식구가 되려면 평소의 협력관계는 물론 노동공동체로서 인간적 유대와 신뢰가 필요할 것이다.

작업을 마치고 나니 마음이 날아갈 듯 기쁘고 흐뭇했다. 농장원들은 우리 일행을 향해 수고했다며 연신 고마움을 표했다. 우리는 곧바로 차를 타고 다음 행선지로 이동했다.

끝없이 펼쳐진 평야,
그래도 부족하다

황해북도를 벗어나 황해남도 재령평야에 접어들었다. 평야와 산맥이 조화롭게 어우러진 북녘의 산야를 바라보노라니 그동안 공부했던 우리나라의 산맥과 평야의 모습이 파노라마처럼 오버랩되었다.

이북은 전체 면적의 약 80%가 산지이고, 나머지 20%만 평지를 이루고 있는 산악국가이다. 그나마 국토의 대부분을 차지하는 산지는 산림이 많이 황폐화되어 있는 실정이다. 나머지 20%의 농지로만 식량을 자급자족해야 한다. 그렇기에 산지와 평야를 이해하는 것이 식량 문제를 해결하는 데 도움이 되리라고 생각한다.

우리나라의 최북단에는 마천령산맥이 남동 방향을 향해 힘차게 뻗어

6.4____ 여의도 면적의 34배에 이르는 대동강종합과수농원. 사진 속 과수는 사과나무이다.

있고, 함경산맥이 마천령산맥과 십자형을 이루어 함경도의 한복판을
가로지른다. 함경도와 평안도를 가르는 낭림산맥이 북에서 남으로
달리는 가운데 강남산맥, 적유령산맥, 묘향산맥, 언진산맥, 멸악산맥,
마식령산맥 등이 평안도와 황해도를 관통하며 서해 방향으로
나뭇가지처럼 갈라져 나와 있다. 낭림산맥 아래 강원도 쪽은
태백산맥이다. 이들 산맥에서 발원한 강줄기들이 황해와 동해를 향해
흘러가면서 주변 유역에 충적평야와 준평원을 형성한 것이 이북의
농경지대와 평야이다.

남북으로 분단된 우리 조국의 평야는 남이나 북이나 모두 서쪽 지역에
집중돼 있다. 이북의 서해안에는 용천평야를 시작으로 박천평야,
안주평야, 평양평야, 재령평야, 연백평야 등이 자리하고 있다.

이번 방북 일정을 마치고 출국하는 시점에 미국에서 통일운동가로
활동하는 정찬열 시인이 마침 뒤이어 평양에 도착하였다. 정시인 일행은
자동차를 타고 이북 전 지역을 횡단하기 위해 방문했다. 미국으로 돌아간
다음 횡단 일정을 마친 일행을 만나서 물어보니, 함경북도와 자강도,
량강도를 제외한 나머지 전 지역을 방문했다고 한다.

그들은 원산이나 해주 같은 도시에 들어서 있는 고층 건물과
호텔들을 보고 우선 놀랐다. 농사도 대풍작이었다. 압록강 주변의
용천평야에서부터 청천강을 낀 '열두 삼천리벌'이라고 불리는 안주평야,
강서평야, 온천평야, 황해도 남쪽 예성강을 낀 운전평야까지 서해안
일대가 온통 황금들녘이었다.

함경남도 제일의 곡창 지대인 함흥평야 일대 역시 풍작을 이루고
있었다. 남쪽 강원도 지역인 안변평야와 영흥평야를 통과할 때는
바둑판같이 농지정리가 잘된 농토에 누런 알곡들이 고개를 숙이고
있거나 추수가 끝난 들판을 보며 관북지방 최대의 평야라는 명성을
실감했다고 한다.

재령평야는 말 그대로 황금벌 곡창지대였다. 차창 밖으로 끝없이
펼쳐진 들판을 보니 과연 북녘 쌀의 25퍼센트 내지 30퍼센트를
생산한다는 말이 실감이 갔다. 안악군, 재령군을 아우르는 재령평야가
남동쪽 연백평야로 이어지는 광활한 대벌판 위에 구월산과 장수산이

6.5____ 벼베기를 안한 연백평야 일대의 넓은 들판.

6.6____ 산악이 많은 북녘땅의 한 풍경.

우뚝 솟아 있었다.

연백평야는 대부분 아직 벼베기를 하지 않은 모습이었다. 연백평야는 해방 전부터 곡창지대의 하나로 손꼽혀온 곳이다. 서해갑문에서 비롯된 대수로가 재령평야를 거쳐 연백평야에 물을 공급한다고 한다.

천지개벽하듯 정리된 농경지

농촌 지역 여행에서 두드러지게 눈에 띈 것은 대평야뿐 아니라 경사지 등지의 전답들도 대체로 규격화되어 있었던 점이다. 알려진 대로 해방 이전부터 내려온 무질서한 전답들이 가지런하게 정리되거나 평야로 변모한 것은 1998년부터다.

강원도를 시작으로 평안북도, 황해남도 등의 순으로 시행된 대규모 토지정리 공사는 전국으로 번졌다. 토지정리 사업은 농경지를 확대하고 농촌 기계화를 실현함으로써 곡물 생산을 증대하기 위한 것이었다.

다른 한편 봉건잔재를 청산하기 위한 목적도 있었다. 북의 언론과 정부는 토지정리에 대해 "뙈기 논밭에서 봉건적 토지소유의 잔재를 발견하고 낡은 사회의 유물을 완전히 청산하기 위한 하나의 혁명으로 토지정리 사업을 내세웠다"고 강조하였다.

세월이 흘러 전 국토의 토지정리 사업이 마무리되었다. 이제는 온 나라가 세포등판 완공에 전력하고 있는 모양새다. 세포등판 사업은 강원도 이천군, 평강군, 세포군의 3개 군을 목장지대로 만드는 대규모

사업이다. 서울 면적보다 조금 더 큰 목장을 만들어 소, 염소, 양 같은 가축을 기르기 위한 것이다.

평양에 체류하던 중 고려호텔 객실에서 샤워를 하고 나오다가 객실 TV에서 방송되는 CNN뉴스 특보를 보고 세월호 침몰 소식을 알았다. 그날 이후 안내원들과 북녘 주민들이 세월호 사건을 진심으로 가슴 아파한다는 것을 알 수 있었다. 우리도 북측에서 일어나는 안타까운 일들에 대해 가슴 아파해야 하지 않을까 생각한다. 가장 시급한 것이 농업 지원과 식량 지원이다.

이북은 풍년이 왔다 해도 구조적으로 반드시 타국에서 쌀이 반입되어야 하는 실정이다. 적어도 1년에 50만 톤에서 100만 톤 정도의 쌀이 반입되어야 살 수 있다고 한다. 고난의 행군 시기부터 최근까지 홍수, 가뭄, 냉해 등의 자연재해가 연속으로 닥쳤다. 비료 공급이 원활하지 않아 수확한 벼에 쭉정이가 많았고, 엎친 데 덮친 격으로 탈곡 전 논에 벼를 말리는 시기에 억수 같은 비가 많이 내려 소출이 줄어든 경우도 허다했다. 식량 부족을 유발한 불가항력적인 요인들이 다방면에서 발생하였던 것이다.

국토의 20%밖에 되지 않는 농경지에서 식량을 자급자족해야 하다 보니 구조적으로 식량 자급이 쉽지 않다. 완전히 식량 자립이 될 때까지 외부 원조를 받지 않으면 식량 부족 사태는 지속될 수밖에 없을 것이다. 먹는 양식을 장만해주는 일은 가장 기본적인 인권에 해당한다. 우리 농촌 고유의 두레 정신처럼 남북이 농업 교류를 왕성히 전개하며 서로를 도울 수 있으면 좋겠다.

7.

북으로 올라간
인사들은
어디로 갔나

두 곳으로 나뉜
73인의 넋을 만나다

6·25전쟁 기간에 남에서 북으로 올라간 재북인사들의 유해를
안장한 공식 묘역은 현재 두 곳이다. 한 곳은 평양시 형제산구역에
자리한 '신미리 애국열사릉'이고, 다른 한 곳은 평양시 룡성구역에 있는
'재북인사묘'이다. 두 묘역 외에도 여기저기 재북인사들의 묘지가
산재해 있다.

'애국열사릉'에는 김규식, 조소앙, 조완구, 류동열, 윤기섭, 오하영,
엄항섭, 최동오 8명이 묻혀 있다. 이들은 일제강점기의 독립운동과 해방
직후의 사회 공헌을 북측 정부에서 인정하여 국립묘지인 '애국열사릉'
에 안장된 것이다. 이중에 오하영, 윤기섭, 조소앙 3명은 제2대 국회의원
선거에서 당선된 의원들이다.

'재북인사묘'에는 모두 65명의 유해가 묻혀 있다. 그 가운데 초대 국회부의장을 지낸 김동원 의원, 국회 프락치 사건에 연루되어 서대문형무소에 복역 중 6·25를 맞은 초대 2기 국회부의장 김약수 의원을 비롯해 대한민국 국회의원만 무려 42명에 이른다. 서울대 총장을 역임한 이춘호 박사, 초대 고려대 총장을 지낸 현상윤 박사, 정인보 국학대 학장 등의 학자들도 이곳에 잠들어 있다.

'재북인사 묘역'은 평양 대성산 '혁명열사릉'이나 신미리 '애국열사릉'과 같이 국가에서 보존소를 두고 관리하는 곳은 아니다. 특별 묘역으로 분류하고 있지만 국립묘지의 레벨이나 성격은 아니다. 그렇다고 국립묘지보다 격이 낮은 곳으로 취급 받는 것은 아니다.

지난 2012년 '신미리 애국열사릉'을 방문하였을 때 재북인사 8인의 묘지도 일일이 살펴보았다. 2014년 방북 시에는 '대성산 혁명열사릉'을 방문해 항일 무장투쟁을 벌인 '동북항일연군' 지도자들의 묘지를 둘러보았다. 이번 방문 일정 중에는 '해외동포 애국자묘'를 찾은 다음 오늘 '재북인사 묘역'을 방문하게 된 것이다.

산천은 의구한데
인걸은 간 데 없고

오전에 칠골교회에서 주일 예배를 드린 후 안내원과 기사만 대동한 채 평양시 외곽 룡성구역 룡궁동에 조성된 재북인사 묘역으로 향했다.

7.1____ 평양시 룡성구역에 조성되어 있는 '재북인사묘'.

도중에 평양 시내에 거주하는 재북인사 묘역 담당 해설사 현영애 선생을 우리 차에 태웠다. 그녀는 지금까지 35년 동안 '재북평화통일촉진협의회(통협)'라는 기관에 소속해 있으면서 재북인사 묘역만 전담하고 있는 해설사이다.

"아이고, 현선생님, 일요일에 모처럼 댁에서 쉬고 계신데 저 때문에 이렇게 번거롭게 해드려서 죄송합니다."

"아이, 무슨 그런 말씀을 다 하십니까? 최선생님이 좋은 소식도 가져오신다고 해서 저는 오히려 무척 기쁘고 반갑습니다. 이렇게 큰 관심을 가져주셔서 오히려 감사합니다. 누가 자주 찾아오는 곳이 아니다 보니 저는 방문객이 오신다는 소식이 가장 기쁩니다. 그래서 방문하는 분들에게 일일이 방문 순서 일련번호까지 부여하고 있습니다."

"아, 그렇군요. 요즘은 유족과 후손들이 어느 정도 찾아오시나요?"

"전혀 없습니다. 6·15시대만 해도 남조선에서 200여 명 정도의 후손들이 참배하러 왔었는데, 리명박과 박근혜가 대통령 된 이후로는 발길이 아예 뚝 끊겼습니다."

남북 관계가 경색되어 조상을 섬기는 인륜의 도리마저 끊긴 현실을 안타깝게 생각하는 듯했다. 평범한 이웃집 아줌마 같으면서도 지적이고 교양미 넘쳐 보이는 그녀는 차가 달리는 내내 상기된 표정으로 이런저런 이야기들을 설명해주었다.

차량은 이윽고 산자락에 자리한 묘역 중턱에 당도했다. 다행히 날씨가 화창하고 햇볕이 따사로워 기분이 상쾌했다. 묘역을 관리하고 있다는 두 내외가 나와서 손을 잡으며 반겨주었다.

그러나 묘역에 도착하자 왠지 모르게 가슴 한 구석이 허전해졌다. 묘역을 찾는 방문객이 있는 날이면 간혹 노구를 이끌고 나와 영접해주며 증언을 해주었던 최태규, 김흥곤 두 분을 볼 수 없었기 때문이다. 최태규 선생은 장준하 선생의 절친한 벗이었다. 그는 생존 제헌의원으로서 현실감 있고 생생한 증언을 해주던 인물이었다. 조소앙의 비서 출신인 김흥곤 선생 역시 호탕한 성격으로 생존 증인의 역할을 해주었다.

김흥곤 선생은 2006년 82세를 일기로 세상을 떴고, 최태규 선생도 2009년 89세의 나이에 이승을 하직하였다. 그들 역시 이곳 재북인사 묘역에 묻혔다. 갑자기 '산천은 의구한데 인걸은 간 데 없다'는 옛 시구가 떠오르며 인생의 무상함을 실감했다.

"주소상으로 볼 때 여기도 평양시에 해당됩니까?"

"예, 그렇습니다. 정확히 평양시 룡성구역 룡궁1동입니다. 바로 앞에 보이는 산자락이 룡연산이고, 묘역이 있는 이 자리가 칠성봉입니다. 여기저기 흩어져 있던 통협 소속 62분의 유해를 2004년에 이곳으로 정중히 모셨습니다."

"아, 네. 그 후로 김흥곤 선생, 윤성식 선생, 최태규 선생이 연이어 돌아가셔서 3기의 묘가 추가되어 현재 65기가 된 것이로군요?"

"아이구, 그렇습니다. 예전에 남조선에서 기자들이 여기를 두어 번 다녀갔는데, 그때도 제가 깜짝 놀랄 정도로 우리 실정을 잘 아는 분이 계셨습니다. 최선생님도 그분들 못지 않으십니다."

묘역을 관리하고 있는 홍의수, 박성희 선생 내외가 묘역 입구 관리동

건물 안으로 불쑥 들어가더니 음료수 한 잔과 꽃다발을 들고 나와 건네준다.

"최선생님, 목 좀 축이시고 우선 여기 모셔진 분들에게 인사부터 드리시겠습니까?"

"당연하지요. 제가 어떻게 해야 합니까?"

"저희가 이렇게 꽃다발을 준비해두었습니다. 이걸 들고 단대 위에 정중히 드리면 됩니다."

나는 돌단 제대에 꽃다발을 올려놓고 잠시 추모의 묵념을 올렸다. 영령들 앞에 서니 만감이 교차했다. 이들 모두 복잡한 격동의 시기를 살면서 대한민국 사회를 좌지우지하던 걸출한 인물들이었는데, 무슨 연고로 여기까지 와서 영면에 든 것일까.

사실 여부를 떠나 '자진 월북'이니 '강제 납북'이니 하는 정치적 평가는 일단 유보하고 싶어졌다. 이들의 행적으로 인해 남녘에 남아 있던 가족들이 평생 겪어야 했을 사무친 아픔이 하얀 비석들 위에 오버랩되었기 때문이다.

"이곳은 고려시대 승려 묘청이 서경 천도를 건의해 인종 때 대화궁이 들어섰던 명당 중의 명당자리입니다."

"아, 그렇습니까? 여기 계신 분들은 모두 납북이니 월북이니 하는 논란에 계신 분들인데, 그분들이 처음에는 이곳 생활에 적응하기가 무척 힘드셨을 텐데…"

"그렇지 않습니다. 재북인사 분들은 1956년 7월에 자신들이 주축이 돼서 '통협'이라는 단체를 결성해 서로 의지하며 조국통일 운동에

앞장서 왔단 말입니다. 아주 재밌게 사셨어요. 지식인들이라서 고전을 번역하기도 하고, 우리 사회주의 주체 조선의 발전을 위해 다방면에서 정력적으로 활동해오셨습니다."

"네, 그렇군요. 그분들이 남쪽에서 김구 선생과 김규식 선생이 주축이 된 '통일촉진협의회'에서 같이 활동했던 것을 경험 삼아 북으로 온 이후에도 그 뜻을 계속 이어간다는 의미였겠군요. 그러나 나중에는 여러 사건에 휩쓸려 어려움들을 겪지 않았습니까?"

"그렇지 않습니다. 우리 수령님께서는 어찌 됐든 남조선 사회를 떠나 공화국 품에 안긴 인사들이라며 극진히 대우해주셨습니다. 그분들의 신변을 보호하는 문제와 문화적인 생활 여건까지 다 해결해주셨으며, 통협 회원들이 서거하실 때는 몹시 슬퍼하시며 장례식을 사회장이나 기관장으로 치르도록 배려해주셨습니다."

재북인사 전용 묘역은
어떻게 조성되었나

옆에서 대화를 듣고 있던 홍의수 선생이 슬그머니 관리동으로 들어가더니 빛바랜 사진들과 서너 권의 책을 꺼내 내게 보여주었다. 사진은 재북인사들의 초창기 이북 생활 모습을 담은 흑백 원본들이었는데 분량이 꽤 많았다.

7.2____ 단기 4347년(서기 2014년)
개천절은 단군릉 개건공사 준공 20주년을
맞아 민족공동행사로 열렸다. 행사에
참여한 남과 북, 해외 동포가 한데 어울려
흥겨운 춤판을 벌이고 있다.

유난히 눈길이 간 것은 《민족과 하나》라는 제목의 책이었다. 김흥곤 선생이 집필했는데, 묘지 발굴과 재북인사 묘역이 형성되는 과정을 소상히 기록했다고 한다. 최태규 선생이 집필한 《복 받은 인생》은 자신이 30세에 입북하여 80세가 되기까지 자신과 동료들의 삶을 기록한 책이었다.

"김선생은 몹시도 추운 새해 첫 달에 서거하셨습니다. 이 책은 가족과 통협 동지들이 그분의 뜻을 기리고자 평소에 써놓으신 원고를 돌아가신 그해에 바로 책으로 출간한 것입니다. 그리고 이 책은 최선생이 돌아가시기 10년 전에 집필한 것입니다."

"아, 그렇군요. 나중에 자세히 읽어보도록 하겠습니다."

"통협이 결성되던 이듬해인 1957년 12월 말에 안타깝게도 백상규 선생께서 여든을 못 넘기시고 서거하실 때의 일이었습니다. 우리 수령님께서는 백상규 선생의 죽음을 못내 안타까워하시면서 그의 시신을 남조선 가족의 품으로 모셔 드리도록 지시하셨습니다. '죽어서나마 고향에 가서 묻히면 맺힌 한이 풀리지 않겠는가'라는 말씀이셨습니다. 우리는 판문점을 통해 시신을 인도해주려고 남조선 적십자사에 통보했습니다. 원래 백선생도 남조선에서 적십자사 부총재를 지냈지 않습니까? 서울에 살고 있던 유가족들도 매우 반기면서 시신을 인도 받겠다고 연락이 와서 일이 잘되는가 보다 했는데, 갑자기 미국 측에서 국제적십자사를 통해서만 시신을 인도할 수 있다며 적극 반대를 했지 뭡니까?"

"그런 일이 있었군요…."

"아니, 최목사님(갑자기 목사로 호칭함)도 한번 생각해보십시오. 자기 나라 땅에서 살다가 죽어서 자기가 살던 고향 가족들 품에서 잠들겠다는데, 왜 미국 놈들이 나서서 국제적십자를 빌미로 반대를 하는가 말입니다. 이 문제는 순전히 우리나라 전체 조선이 알아서 해결하면 되는 문제인데 말입니다. 그래, 미국의 반대로 시신 인도가 끝내 성사되지 못했던 말입니다. 이 소식이 우리 공화국에 살고 있던 수많은 재북 인민들과 가족들에게 알려지자, 그분들이 모두 원통해하였습니다."

"그럼 그 후로 백상규 선생의 시신은 어떻게 된 겁니까?"

"미국의 반대로 뜻을 이루지 못하자, 수령님께서는 '차라리 백상규 선생을 우리 공화국에서 성대하게 장례를 치러 드리자' 해서, 결국 우리 공화국 땅에 남게 된 것입니다. 백상규 선생을 룡성구역에 모시면서 그때부터 재북인사들의 묘지가 하나둘씩 늘어난 것이고, 그 후 연이어 형제산구역에도 묘역이 조성된 것입니다."

"아, 그런 사연이 있었군요."

"그런데 그 후 어느 날 아주 큰 사건이 하나 터졌더랬습니다. 여기서 멀지 않은 룡추동 묘지 위로 고압선이 지나가게 됐던 말입니다. 그래 우리 통협에서 즉시 보고를 드렸습니다. 수령님께서는 '그분들 모두 남조선의 훌륭한 지도자들이었는데 묘지 위로 고압 전선이 지나가면 혹시라도 영면에 지장을 줄 수 있으니 묘지를 다시 안전한 곳으로 옮기라' 해서, 그때 신미리 특설 묘역이 생기게 된 것입니다."

만질수록
덧나는 상처

묘비를 차례로 둘러보던 나의 발걸음은 춘원 이광수의 묘비에 이르러 멈춰 섰다. 일제강점기 말기의 친일 행적 때문에 거센 비판을 받고 있는 인물이라서 유독 눈길을 끌었다. 그렇다. 춘원뿐 아니라 이곳에 잠든 인물 모두에 대한 객관적인 평가가 필요하고, 통일을 눈앞에 둔 시점에서 마땅히 풀어야 할 역사의 매듭이라는 생각이 들었다.

"친일파 논란이 있는 분들이나 반공주의자들을 어떻게 이렇게 모실 수가 있나요? 이북은 해방 직후 친일 청산을 확실하게 하지 않았습니까?"

"그걸 우리 공화국에서 왜 모르겠습니까? 그래도 우리 장군님께서는, 수령님과 마찬가지로, '과거 일제시기에 자행된 불미스러운 일에 얽매이는 것보다는 오늘날 현실에서 애국하는 것을 먼저 생각하자'고 하시면서, '우리 공화국 땅을 밟은 사실 하나만으로도 우리가 감싸 안아야 한다'고 넓은 아량으로 품어주셨습니다."

"생각할수록 춘원 이광수 선생이 여기 계신다는 게 참 신기합니다. 특설묘지에서 이곳으로 이장할 때도 다른 의견들이 많지 않았습니까?"

"여기 계신 분들 중에는 반일 투쟁에 나선 분들도 계시지만, 애국애족의 지도자를 만나지 못해 춘원 선생처럼 친일 활동을 하거나 사대주의와 반동의 어지러운 길을 걸어오신 분들도 있지 않습니까?

7.3___ '만질수록 덧나는 상처' 춘원 이광수의 묘비 옆에서.

아주 오래 전에 미국에 사는 춘원의 아드님이 우리 공화국의 초청으로
딱 한 번 성묘하러 오셨더랬습니다. 최선생님은 미국에 살고 계시니 그
가족들 소식을 잘 아실 것 같은데, 춘원의 자제분들은 요즘 사는
형편이 어떻습니까?"

"아, 네. 미국이 땅덩이가 워낙 크다 보니까 미국에 산다고 해서
교포들의 소식을 다 잘 알고 있는 건 아닙니다. 아마 따님 두 분은 전쟁
중에 미국으로 유학을 갔고, 아드님은 전쟁이 끝나던 해에
뒤따라갔지요. 부인은 유학 간 자녀들을 기다리다가 10년 후에
미국으로 건너갔다고 들었습니다. 그분들은 이민 간 지가 워낙 오래

돼서 조선말은 거의 잊어버렸다고 하더라구요. 부인은 오래 전에 세상을 뜨셨지만, 자녀들은 나름대로 성공했다고 봐야지요."

나는 기억력을 총동원하여 해설사와 관리원 부부의 연이은 질문에 화답했다. 그들은 미국에 사는 춘원의 후손 이야기가 몹시 궁금한 듯 보였다.

"원래 춘원은 첫 부인과 헤어지고 허영숙과 재혼했잖습니까? 슬하에 2남 2녀를 두었는데 장남은 어려서 패혈증으로 죽고, 나머지 자녀들은 미국 땅에서 잘 살고 있습니다. 차남 이영근 선생은 미국에서도 유명한 존스홉킨스 대학에서 원자물리학 교수를 하다가 은퇴했고, 장녀 분은 변호사를 지냈지요. 막내 따님인 이정화 박사는 펜실베이니아대학 분자생화학 교수를 지냈구요. 막내 따님이 벌써 팔순이 넘었으니, 자녀분들도 다들 돌아가실 날이 멀지 않은 상황입니다."

"아, 자녀분들이 아주 잘 풀렸구만요. 세월이 참 무심합니다."

"네, 그때 이곳으로 성묘 왔던 아드님은 부친에 대한 그리움이 사무쳤는지, 자신의 따님(춘원의 손녀)에게 부친의 소설《무정》을 영어로 번역하도록 부탁했다고 합니다. 손녀딸도 할아버지의 피를 물려받아 하버드 대학과 컬럼비아 대학을 나온 문학박사입니다."

"그렇습니까? 후손이 다들 뛰어난 천재들인 것 같습니다. 사실 춘원을 여기 모신 데는 깊은 사연이 숨겨져 있습니다. 어느 날 수령님께서 남조선에서 넘어온 정객들의 묘지를 다 이장시키라고 교시하셨는데, 그 명단에 리광수라는 이름 석 자가 있다 이 말입니다.

그래 관계자들 가운데는 아무리 수령님의 말씀이라고 해도 '변절자의 묘지까지 만들어줘야 하느냐'고 반대한 사람들이 꽤나 많았다고 합니다. 그래도 수령님께서 강력하게 '그가 말년에 과오를 뉘우쳤고, 독립운동을 했던 좋은 점만 배려하라'는 말씀을 내려주셔서, 통협 특설묘지에 우선 가묘로 모셨습니다. 그리고 훗날 유골을 발견하여 이곳으로 모시게 된 것입니다."

"춘원 선생은 사후에도 참 파란만장하셨네요. 그럼 특설묘지 이전에는 춘원의 묘지가 어디에 있었나요?"

"그게 그러니까, 춘원은 원래 서울에 살 때 폐병을 앓고 살았단 말입니다. 서울에서 반민특위로 체포되어 옥살이할 때도 이미 폐병 3기인데다 다른 합병증들이 있어서 건강 상태가 좋지 않았다고 합니다. 전쟁이 시작되던 중에 우리 품에 안긴 춘원 선생을 우리 공화국 성원들이 따라다니면서 각별히 간호해줬는데도 별 차도가 없었습니다. 돌아가시던 날에도 상태가 위중해 긴급히 만포에 있는 인민병원으로 모시던 중이었는데, 차 안에서도 각혈을 많이 해서 피바다가 됐다고 합니다. 결국 전쟁이 시작된 지 넉 달 만인 1950년 10월 25일에 58세로 운명하셨지요. 전쟁 중이라 마땅한 장례 절차도 힘들고 해서 돌아가신 부근의 아늑한 자락에 그대로 매장을 해드렸단 말입니다. 그 자리가 바로 압록강을 사이에 두고 길림성과 마주 보고 있는 자강도 만포군 만포읍 고개리 중턱이란 말입니다. 예를 다해 정성껏 묘를 조성했는데 그 후로도 전쟁이 치열하게 계속되다 보니까, 연일 쏟아 붓는 무차별 폭격으로 그만 무덤 봉분이 아예 평지가 되어버렸지 뭡니까? 그리고 그런 연유를 모르는 사람들이 훗날 그 자리에 농촌 문화주택 단지를 지었단 말입니다"

"참 안타까운 사연입니다."

"그래, 처음에 수령님의 말씀을 받은 관계 부문 일꾼들이 특설묘지에 춘원의 가묘를 만들어 모셨다가, 세월이 흐른 후 우리 장군님의 지시로 끝내 춘원의 유골을 찾아내 모시게 된 것입니다."

"용케도 잘 찾았네요."

"아, 그렇습니다. 장군님 명령으로 묘지를 수소문해본 결과 바로 그 문화주택 자리에 춘원의 무덤이 있지 뭡니까? 그래서 문화주택을 허물고 춘원의 유골을 수습해 모시게 된 것입니다. 거기 살던 주민들은 그 부근에 이전보다 더 좋은 새 주택단지를 지어 살게 해주었단 말입니다."

"모든 과정을 일일이 두 분이 관여하신 것이로군요."

"그렇습니다."

조선이 낳은 천재 문인은 그렇게 해서 엄동설한에 떨어진 붉은 동백 꽃잎처럼 갑자기 우리 곁을 사라졌다가 수십 년이 지난 어느 날 갓 피어나는 백합처럼 그 모습을 다시 드러낸 것이다. 어느 평론가의 말처럼 육당 최남선과 춘원 이광수는 '만질수록 덧나는 상처' 그 자체인지도 모른다.

재북인사 묘역의
숙원을 풀어주다

이곳은 무덤의 형태가 평묘였다. 흰색의 직사각형 대리석 아래
유해를 봉안하는 방식이었다. 대리석 받침 위에 같은 재질의 대리석
비석이 서 있었다. 비석의 앞면에는 고인의 이름, 직함, 경력, 그리고
출생일과 서거일(사망일) 등이 쓰여 있었다. 뒷면에는 출생지를
표기해두었다.

그러나 65명 가운데 일부는 사진(초상)과 출생일이 확보되지 못한 채
남아 있었다. 내가 이 소식을 처음 접한 것은 2002년 무렵 월간지
《민족21》과 《중앙일보》 취재단의 기사를 통해서다. 2007년 《중앙일보》
취재단이 방문했을 때도 사진과 출생일을 알아봐 달라는 북측의
요청이 있었다는 소식을 접했다. 안타까운 마음에 나는 누락된 이들의
자료를 찾기 위해 손정도목사기념학술원의 비공개 첫 사업으로 '평양
재북인사 묘역 묘비 정보 완성 프로젝트'를 출범시켰다.

출생일이 확인되지 않은 사람은 리춘호(李春昊), 허영호(許永鎬), 박성우
(朴性宇), 신용훈(辛容勳), 고명우(高明宇), 김한규(金漢奎), 정구흥(鄭求興),
리순탁(李順鐸), 김려식(金麗植)의 9명이었다. 김려식과 신용훈 2명은
묘비에 사진이 빠져 텅 비어 있었다. 이들은 다른 인사들보다 좀 더
일찍 운명한 편이다. 더구나 남에서 살다 북으로 올라갔기 때문에
연고지가 거의 남녘에 있어 북녘에서는 도저히 이들의 자료를 구할
길이 없었던 것이다. 나는 독립기념관을 비롯한 이곳저곳의 사료와

정부 문건들을 틈나는 대로 뒤지기 시작했다. 신문, 잡지, 도서의 각종 아티클까지 모두 살폈다.

유족이나 후손을 수소문하고 해당 문중의 족보 등을 뒤지기도 했다. 고인들이 활동하던 지역에서 발간된 비공식 매체까지 수소문한 끝에 필요한 자료를 하나씩 입수하기에 이르렀다. 2013년 말까지 단 한 사람의 출생일을 제외한 모든 자료를 찾아냈다.

나는 이번 방북기간 중에 그 같은 사실을 재북인사 묘역 당국에 알렸다. 그리고 관리인과 해설사에게 귀국 즉시 관련 자료를 보내줄 것을 약속하였다.

"그런데 최선생님은 어떻게 그렇게 힘든 일을 해내셨습니까? 찾기가 쉽지 않았을 텐데요. 우리가 그동안 사진과 출생일을 찾으려고 백방으로 알아봤고, 남쪽 분들을 만나기만 하면 꼭 찾아달라고 부탁을 드렸는데…"

"제가 자료를 모두 보내드리면 여기 계신 세 분은 다음 방문 때 제게 선물을 듬뿍 주셔야 합니다."

"제가 꼭 식사 한턱을 내 드리겠습니다."

묘역 관리인 홍의수 선생이 반색하며 식사 대접을 약속하였다. 다행스럽게도 방북을 마치고 서울에 들렀을 때 남아 있던 한 분의 출생 자료마저 극적으로 확보할 수 있었다. 미국으로 귀국한 나는 재북인사 2명의 사진과 9명의 출생 자료를 일목요연하게 정리하여 UN주재 북조선대사관에 전달하였다.

우리 학술원의 다음 프로젝트는 6·25전쟁 시기에 북으로 올라가

납북과 월북의 논란 속에 있는 나머지 30명 국회의원의 생사 여부와 묘지를 확인하는 일이 될 것이다. 우리 학술원에서 집계한 통계에 따르면 북으로 간 제헌의원이 49명, 2대 국회의원이 23명이다. 여기에 1, 2대 모두 당선된 재선의원 3명을 합하면 75명에 이른다. 신미리 애국열사릉에 3명, 룡궁동 재북인사 묘역에 42명이 잠들어 있으니, 생사 여부와 무덤 소재가 확인되지 않은 사람이 아직도 30명이나 된다.

다음 일정 때문에 묘역을 떠날 시간이 되었다. 앞서 해설사가 언급한 대로 묘역은 좋은 명당자리임에 틀림없어 보였다. 천 년의 잠을 잘 것만 같은 깊은 적막 속에 휩싸인 무덤군을 떠나려 하니, 고인들의 넋이 바람결로 다가와 옷자락을 부여잡는 듯했다.

몇 해 전부터 평양 시내의
교통 사정은 눈에 띄게 달라졌다.
출퇴근 시간대에 숙소를 빠져나오면
교통 체증을 겪게 된 것이다.
이런 현상은 해가 갈수록 심화되었다.
2017년 무렵부터는 출퇴근 시간대에
국한되지 않고 시내 곳곳의 주요
교차로와 큰 건물 주변에서는 아예
상습 정체가 일상이 되었다.

2012년의 평양과 2018년의 평양은
불과 5, 6년 만에 전혀 다른 도시가
되었다. 무엇보다 자동차와 택시가
급격히 늘어났다. 지금은 서양의
여느 도시들처럼 자동차들이
활개를 치고 다니는 역동적인
도시가 되었다.

2부

8. 발전하는 교통 문화와 CC TV

우연히 눈에 띈 교통 CC TV 카메라

이북을 방문하는 사람들은 숙소 안에만 앉아 있으려고 방문하는 것이 아니다. 방북 목적을 이루기 위해 호텔 밖을 나와 활동해야 한다. 대부분 아침식사를 마치면 차량을 이용해 어디론가 이동하게 된다.

몇 해 전부터 평양 시내의 교통 사정은 눈에 띄게 달라졌다. 출퇴근 시간대에 숙소를 빠져나오면 교통 체증을 겪게 된 것이다. 이런 현상은 해가 갈수록 심화되었다. 2017년 무렵부터는 출퇴근 시간대에 국한되지 않고 시내 곳곳의 주요 교차로와 큰 건물 주변에서는 아예 상습 정체가 일상이 되었다.

2012년의 평양과 2018년의 평양은 불과 5, 6년 만에 전혀 다른 도시가 되었다. 무엇보다 자동차와 택시가 급격히 늘어났다. 지금은 서양의 여느 도시들처럼 자동차들이 활개를 치고 다니는 역동적인

도시가 되었다.

평양 외곽에서 시내로 진입하는 도로는 차량들이 3개 차선을 꽉 채운 경우를 흔히 볼 수 있다. 평양은 편도 3차선, 왕복은 6차선 도로가 많다. 그 넓은 도로가 주차장을 방불할 만큼 변해 차량이 가다 서다를 반복하는 경우도 비일비재하다. 램프 인근에서는 교통안전원들이 합류하는 차량들의 사고를 방지하기 위해 야광봉을 든 채 교통 흐름을 통제한다.

2013년 어느 날이었다. 잘 달리던 자동차가 도로 정체로 서행하기 시작하였다. 교통사고라도 났는가 싶어 차창 밖을 바라보았다. 신호등처럼 보이는 거대한 쇠기둥이 눈에 들어왔다. 물끄러미 바라보다 교통신호 제어 박스 비슷한 기계를 발견하였다. 눈을 들어 공중을 바라보고서야 그 쇠기둥이 신호등이 아닌 것을 알았다. 쇠기둥 꼭대기에서 도로 쪽으로 기역자(ㄱ)로 뻗어나간 둥근 쇠막대에 CC TV 카메라가 달려 있었던 것이다.

카메라로 보이는 물체들이 마치 전깃줄에 참새 떼가 앉아 있는 것처럼 달려 있었다. 운전기사에게 물어보니 얼마 전부터 교통단속용 CC TV 카메라가 평양 시내와 대도시에 설치되기 시작했다고 알려주었다.

그날 이후 교통단속 CC TV 카메라가 설치된 곳을 유심히 관찰하였다. 정확하게 말하면 교통단속 카메라는 2013년 초부터 평양 시내에 모습을 드러내기 시작하였다. 2009년 이전에는 평양 시내에 신호등조차 없었던 것에 비하면 격세지감이다.

8.1____ 평양 거리의 자가용 행렬.

8.2____ 여성 교통보안원의
임무 교대식 장면.

이국적이고 다채로운
평양의 교통 문화

현재 이북에서 운행되는 자동차 대수는 100만 대 가량이다. 그리고
해마다 필요한 차량 수요는 10만 대에 이른다. 이와 같이 자동차가
급증함에 따라 그동안 보지 못했던 갖가지 새로운 교통 문화가
형성되고 있다. 평양은 전 세계 어디에서도 볼 수 없는 독창적인 교통
문화를 지닌 도시다.

8.3___ 평양 순안공항 터미널.

여성 교통안전 보안원이 야광봉을 들고 절도 있는 수신호를 하는
광경은 매우 독특하고 이채롭다. 평양이나 이북의 대도시에서만 목격할

수 있는 볼거리 중의 하나다. 규칙을 위반한 자전거 운전자들이 꼼짝없이 서서 교통 안전원들에게 벌금고지서를 발부 받는 모습도 마냥 신기하다.

궤도전차와 무궤도전차가 보여주는 이국적인 풍경은 마치 파스텔 톤의 그림을 보는 듯 운치 있다. 낡은 구형 버스와 초현대식 리무진 버스가 나란히 거리를 달리는가 하면, 시민들이 이용하는 시내버스 가운데는 초현대식 2층 버스도 많다. 평양 지하철은 에스컬레이터를 타고 보통 지하 150미터에서 200미터를 내려가야 탑승구가 나오는데, 지하철역은 고급스런 대형 샹들리에 조명과 화려한 모자이크 벽화를 갖추고 있다.

10여 년 전만 해도 평양은 차 없고 공해 없는 청정거리였다. 그 시절을 생각하면 다시금 격세지감을 느낀다. 그러나 최근에는 평양에서 운행되는 택시만 1,500대가 넘는다.

뿐만 아니라 시민들의 자가용 차량이 급격히 늘고 있다. 자가용이 늘어나면서 교통당국은 중국 투자자들과 합작해 주유소를 운영하기 시작하였다. 대부분의 주유소들은 부대시설로 대형 종합봉사시설을 갖추고 고객들을 맞이한다. 대체로 1층에는 연유공급소(주유소)와 세차장이 위치하고, 2층에는 커피점과 자동차 부품상이 들어서 있다.

방북을 위해 입국할 때는 통상 고려항공 여객기를 이용하게 되는데, 투폴레프 사의 TU-204 기종과 안토노프 사가 만든 An-148 기종의 클래식한 중형 여객기가 주종을 이룬다. 청천강 북쪽 지역의 명산과 사찰을 여행할 경우에는 드문 일이지만 직승기(헬리콥터)를 타고 갈 수도 있으며, 방북 일정을 마치고 출국할 때 평양역에서 신의주로 가는

8.4___ 평양과 베이징을 운행하는 국제열차.

평의선 열차나 평양에서 중국 단동으로 향하는 침대칸이 달린
국제열차를 이용할 수도 있다.

교통 CC TV 카메라가
설치된 장소들

그동안 틈틈이 살펴본 평양 시내 교통단속 CC TV 카메라
설치장소는 약 서른 곳쯤 된다. 신호등도 없던 평양 거리에 교통

카메라가 설치된 것은 주목할 만한 진전이다.

김일성광장이 끝나는 대동강변 산책로에서도 강 쪽을 향하고 있는 CC TV 카메라를 여럿 발견하였다. 주체탑 쪽 대동강변에도 강 건너 김일성광장 방향으로 CC TV 카메라가 설치되어 있다. 대동강변을 산책하다가 발견하였다.

아마도 김일성광장에서 각종 국가행사를 빈번히 치르다 보니 원활한 행사 준비를 위해 설치한 듯 보였다. 김일성광장에서는 강 맞은편에 자리한 주체탑과의 연계행사나 불꽃놀이 행사 등 큼직한 행사가 자주 열린다. 한편으로는 대동강에 떠다니는 관광 여객선이나 보트, 나룻배 등의 운항 상황을 체크하려는 목적으로 보였다. 일종의 해상교통 단속용 CC TV 카메라인 셈이다.

도로교통 단속 CC TV 카메라가 가장 많이 설치된 곳은 단연코 김일성광장 주변 도로였다. 초창기에는 김일성광장과 연결된 도로와 교차로에 집중 배치되었다. 시간이 흐를수록 CC TV의 설치장소는 평양시 전역으로 확대되었다.

로동신문사 앞 도로, 평양제1백화점 앞 도로, 로동당 중앙당사 부근 도로, 만수대의사당과 평양대극장 앞 교차로, 평양교예극장 인근, 평양역 인근 도로 등에서도 CC TV를 발견할 수 있다. 모란봉구역 평남면옥 앞 왕복 6차선 교차로에는 양쪽 방향 모두 CC TV가 설치되어 있다.

CC TV 카메라 세트는
어떤 기계들인가

평양 시내 CC TV 카메라들은 대부분 세트로 설치되어 있었다. 2개짜리 세트를 비롯해 3개짜리, 4개짜리 세트가 눈에 띄었다. 4개짜리는 다시 두 가지 종류로 구분되었다.

2개짜리는 강변 산책로에서 발견하였다. 대동강 수면을 향해 설치되어 있다. 나머지 3, 4개짜리 세트는 도로교통 단속 용도였다. 교차로나 대로에 설치된 카메라는 4개짜리가 대부분이었다. 전깃줄에 나란히 앉아 있는 참새들처럼 카메라로 보이는 물체가 일렬횡대로 설치되어 있다.

4개짜리를 자세히 살펴보면 그 가운데 한 개만 교통 CC TV 카메라인 듯했다. 3개는 조명 램프가 들어간 사각 형태의 조명기구로 보였다. 지줏대 역할을 하는 쇠기둥 중간에는 컨트롤 박스처럼 보이는 물체가 부착되어 있었다.

네모난 물체는 번개처럼 강력한 섬광을 발산하는 조명장치일 것이다. 북측은 지난 십 년간 시내 가로등의 대부분을 돌고래 모양의 태양전지판으로 교체해왔다. LED 조명 기술도 뛰어나다. 뛰어난 조명 기술을 보유하고 있기 때문에 CC TV 부대시설에도 조명 기술을 적용한 듯 보였다.

한편 또 다른 종류의 4개짜리 세트가 있다. 전혀 다른 방식이다. 싱가포르 사진작가 아람 판이 평양 시내의 CC TV 카메라를 찍은 것을

8.5___ 기관용 버스와 트롤리버스가 함께 달리는 도로 위에 교통 CC TV가 설치되어 있다.

8.6___ 평양 거리를 달리고 있는 허머. 이런 고급차는 누가 타는 걸까?

8.7____ 백두산 향도봉과
천지를 연결해주는 케이블카 천지삭도.

북 전문매체 *NK NEWS* 측이 분석한 적이 있다. 필자도 그가 공개한 자료를 자세히 관찰하였다.

언뜻 보면 4개 모두가 카메라로 보인다. 하지만 맨 좌측은 '교통 레이더(Traffic Radar)'이고, 그 다음은 '비디오카메라'임을 알 수 있다. 레이더와 카메라가 연결되어 있는 시스템으로 추측된다. 세 번째 자리에 '교통 레이더'가 하나 더 설치돼 있고, 맨 우측은 비디오카메라 혹은 적외선 감지기(Infra-Red Detectors)다.

레이더나 적외선 감지기는 미국이나 한국에서 사용하는 것과 동일한 형태로 보였다. 차량 번호판을 자동으로 인식하거나 추적하기 위한 기능을 갖추고 있다. 아울러 야간이나 흐린 날에도 차량 번호판을 식별할 수 있도록 강력한 조명기구들이 보조하고 있는 것으로 보였다. 북측의 순수기술로 생산한 것이 아니라면 중국에서 수입하거나 조립한 제품일 수도 있다.

CC TV를 설치한
의도는 무엇일까

CC TV 카메라들은 그 용도가 무엇일까? 그것은 서방 국가의 교통 단속용 CC TV 카메라들처럼 교통 흐름을 확인하고 조절하려는 목적과 함께 교통 위반 차량을 단속하거나 위반자들에게 범칙금을 부과하기 위한 목적으로 판단된다.

평양시 중앙교통통제실은 교통량을 조절해 도로의 차량 흐름을 원활하게 하고 사고를 예방하기 위해 노력하지 않으면 안된다. 차량의 증가에 따라 평양에서도 교통 상황을 시시각각 확인하고 적절한 통제 대책을 수립해야 할 필요성이 증가하고 있다. 또 하나의 목적은 교통법규 위반 차량을 단속하기 위한 것이다. 속도나 신호를 위반한 차량 그리고 교통사고를 유발한 차량을 효율적으로 적발하고 범칙금을 부과하는 데 활용하는 것이다.

평양에서는 몇 년 전부터 일요일이 되면 대중교통이나 공무수행 차량을 제외한 일반 승용차의 운행이 전면 금지되고 있다. 부득이한 경우에는 사전 허가를 받아야 한다. 규정을 위반한 차량은 범칙금 납부대상이다. 단, 차량에 해외동포나 외국인이 탑승했을 때는 예외다.

일요일에 차량 운행을 금지하는 이유에는 여러 가지가 있다. 무엇보다 휴일에는 가족과 함께 생활권 주변에서 시간을 보내라는 차원이다. 물론 국가적으로 연료를 절약하려는 의미도 있을 것이다.

교통안전 보안원들은 자동차 운전자는 물론 자전거를 타고 다니는 운전자들까지 단속한다. 엄격한 교통법규가 집행되고 있는 것이다. CCTV 카메라의 설치는 이러한 재래식 방법이 전산시스템으로 바뀌기 시작했다는 것을 의미한다.

9. 지방에도
활성화된
영업용 택시

재미동포 목사,
평양에서 택시를 타다

평양을 비롯한 이북 전역에서 택시는 이제 기차, 지하철, 버스와 함께
빼놓을 수 없는 중요한 대중교통 수단이 되었다. 남북 정상회담을 앞둔
올 3월 남측예술단 〈봄이 오다〉 공연팀 가운데 한 명이 평양 순안공항에
도착해 평양 시내에 들어서니 영업용 택시가 승용차의 두 배가 될
정도였다고 첫 소식을 알려올 만큼 택시가 보편화 대중화되었다.

필자가 평양에서 처음 영업용 택시를 타본 것은 2013년이었다.
량각도호텔에서 평양 시내 오탄공원 앞 사거리까지 택시를 탔다. 원래
해외동포나 외국인이 자신의 담당 안내원 없이 택시를 타는 건
불법이다. 그러나 나와 동행한 분이 워낙 방북 경험이 많은지라, 마치
학생이 땡땡이치며 몰래 학교를 빠져나가듯 아무 거리낌 없이 택시를

타는 거사(?)에 합류했던 것이다.

평양 시내의 호텔 입구나 주차장에는 택시들이 항상 대기하고 있다. 주요 교차로에서도 손님을 기다리는 택시를 볼 수 있다. 손님이 택시를 세운다고 아무 데나 무작정 택시를 댈 수는 없다고 한다. 손님들은 콜택시를 부르거나 도로변에 마련된 택시 승강장을 이용해야 한다.

택시를 타려는데 하필 그날 따라 호텔 주차장에 택시가 전혀 보이지 않았다. 호텔 로비 카운터로 가서 택시를 불렀다. 택시를 타보고 싶은 마음이 간절했기에 택시를 기다리는 동안 설레기까지 했다. 호출한 지 5분도 채 안돼서 총알처럼 택시 한 대가 도착했다.

택시를 이용하려면 호텔 데스크에서 건네주는 전화번호를 보고 택시기사에게 전화를 걸면 된다. 콜택시를 이용할 수도 있다. 대동강택시를 부를 때는 휴대전화나 유선전화로 '186'번을 눌러 연결한다. 손님이 택시를 부르면 택시사업소 중앙 캠프에서 전화접수를 받고 가장 가까운 거리에 있는 택시 분소로 연결해 택시를 보내준다. 남측이나 서방세계의 콜택시 개념과 비슷했다.

택시에 올라탔다. 의외로 차량 내부가 깔끔하고 운전기사도 친절했다. 서비스 수준이 괜찮아 보였다.

"담배를 피우지 마시요"라는 문구가 눈에 띄었다. 손님들이 더러 담배를 피우는 모양이었다. 운전석 계기판에 눈길이 갔다. '등불 확인'이라는 글씨가 보였다. 자동차 헤드라이트가 켜져 있는지 꺼져 있는지 점검하여 배터리가 소모되는 일이 없도록 하라는 의미라고 한다. 그 옆에는 "신발을 벗지 마시요"라는 글씨가, 천장 아래 앞 유리에는

9.1___ 평양역 인근 대로변의 출근길 풍경. 서울 명동 한복판처럼 혼잡하다.

"인민을 위해 복무합시다"라는 작은 글씨가 붙어 있었다.

　택시 내부 조수석 앞에는 운전사의 사진과 이름, 휴대전화 번호가
기재되어 있었다. 승객을 보호하고 서비스의 질을 높이려는 택시회사의
방침이 엿보였다. 뒷좌석 옆유리에는 전자결제 스티커가 부착돼 있었다.
택시 요금을 나래카드로 결제할 수 있다는 표시였다.

　택시가 목적지에 도착했다. 요금이 2달러였다. 기분이 좋아서 3달러를
나래카드로 결제하고, 7달러를 팁으로 건네주었다. 호텔로 돌아가는
길을 포함해 오가는 차 안에서 운전기사들과 이런저런 이야기를 나누며
즐거운 드라이브 시간을 보냈다.

9.2___ 필자가 호텔로 복귀할 때 탄 중국산 비야디 차량 택시. 뒷문 유리창에 나래 전자결제 스티커가 붙어 있다.

　이듬해 가을 또다시 택시를 탔다. 마침 평양에 택시 2부제가 도입된 직후였다. 당시 평양시에서 영업하는 택시 숫자가 갑자기 1,000대로 늘어나면서 빈 차로 운행하는 경우가 많아졌다. 그래서 2부제가 도입됐다고 한다. 차량 끝 번호가 홀수인 차량은 홀수 날에, 끝 번호가 짝수인 차량은 짝수 날에 운행하는 식이었다. 홀짝제를 통해 하루 운행 대수를 500대로 제한한 것이다. 그런데 어찌된 영문인지 2017년 초에 500대가 더 증차되었다.

택시 요금은 미국 달러로 지불

　김정은 위원장이 취임한 이후 평양 시민들의 생활수준이 전반적으로 올라가면서 시민들이 택시를 이용하는 모습을 쉽게 확인할 수 있었다.

9.3____ 평양호텔 주차장에서 손님을 태우기 위해 빈차 표시등을 켜고 대기 중인
BYD 택시와 손님을 태우고 출발하려는 회색 택시.

보통 기본요금은 첫 2km까지 2달러이고, 1km당 56센트 정도
추가되었다. 밤 9시 이후엔 요금이 두 배로 할증된다. 하지만 주야간,
주중, 주말에 따라 택시비가 다른 게 눈에 띄는 점이었다. 1km에 미화
50센트~1달러 정도의 범주였다. 평양과 지방의 택시 요금도 차이가
있다.

택시 요금은 내국인이라도 주로 미국 달러로 지불한다. 물론 택시
요금을 무조건 달러로만 받아야 한다는 규정은 없다고 한다. 중국
위안화로 내는 모습도 흔히 보았다. 유로화나 국돈(이북 화폐)으로
지불해도 무방하다. 하지만 국돈을 지불하는 경우 택시기사가 잘 받지
않는 경우가 간혹 있다.

국돈보다는 미국 달러나 위안화가 경제적인 면에서 효율적으로

돌아가는 원동력이 되도록 시스템화되었다. 택시 요금 계산도 마찬가지다. 국돈을 받을 경우에는 시세 환율을 적용해 가령 1달러당 8,500원 남짓으로 계산하는 방식이다. 택시를 이용하는 평범한 평양 시민들도 이런 사실을 잘 알기 때문에, 평소 달러를 어느 정도 보유하고 있거나 택시를 이용하기 전에 가급적 미리 달러로 바꾼다고 한다.

택시 운전사들은 하루 규정된 사납금을 사업소에 납부하고, 나머지는 본인이 갖는다. 그래서 한 명이라도 더 태우기 위해 평양 역전이나 백화점같이 인파가 많은 곳을 선호한다.

택시기사가 연유소(주유소)에 들러 기름을 넣을 때도 달러로 지불하는 것이 보통이다. 주유소 측과 기사 측 모두 그것을 선호한다. 손님이 택시 요금을 국돈으로 내거나 운전기사가 기름 값을 국돈으로 지불할 경우 시세에 따라 변동되는 환율을 계산해야 하고, 다시 달러로 환전해야 하는 번거로움이 있기 때문이다.

영업용 택시 운전사와의 대화

필자는 2013년 이후 해마다 한두 차례씩 택시를 타곤 했다. 택시를 탈 때마다 택시기사들과 많은 대화를 나누었다. 호텔 주차장에서 대기하던 택시기사들에게도 이것저것 궁금한 것을 물었다.

과거에는 중앙기관의 택시사업소가 택시 사업을 주도했다. 이제는 굵직한 택시회사만 평양에 열 개가 넘는다. 고려항공에서 직영하는

9.4____ KKG 회사 택시.
평양에서 운행 중인 굵직한 택시회사만 열 개가 넘는다.

9.5____ 일명 개나리 택시가 김책공대 부근을 지나고 있다.

택시회사를 비롯해 마식령 스키 리조트 회사, KKG 회사, 대동강택시회사, 대외봉사총국 택시사업소 등이다. 택시회사에 따라 택시 색깔이 저마다 다르다.

택시사업소에서 운전사를 모집할 때는 인민위원회 노동과에 공고를 내는 것이 아니라 자체로 뽑는 경우가 대부분이다. 택시 운전사들은 2급 운전 면허증을 소지해야 한다. 택시 운전사들 중에는 중앙기관이나 군부대 출신의 운전 경력자들이 많았다.

"운전기사 선생님들이 매우 친절하시고 택시도 안팎이 깔끔하던데, 운전사 교육을 따로 받습니까?"

"물론입니다. 운전사들은 처음부터 철저하게 교육을 받고, 그때마다 필요한 교육을 더 받습니다. 운전하면서는 담배를 피우지 못하게 되어 있고, 입 냄새가 나지 않도록 구강 위생도 잘 지켜야 합니다. 요즘은 영어도 어느 정도 할 줄 알아야 하기 때문에, 영어도 배우고 있습니다. 운전사들이 해야 할 일이 아주 많습니다."

"택시는 주로 어떤 제품입니까?"

"현재 우리 조선에서 사용하는 택시들은 전부 중국제 차량입니다. 평화자동차에서 나온 '휘파람' 승용차가 있기는 한데, 제때 생산 공급이 잘 안되니 대부분 중국에서 수입하고 있는 실정입니다."

"이 정도 택시 차량이면 가격이 얼마 정도 됩니까?"

"새 차는 1만 딸라 넘게 줘야 하고, 중고 택시는 7천 딸라 정도 주면 구할 수 있습니다. 평양이나 지방이나 택시용 차량이 거래되는 시장에 가면 새 차일 경우 대당 1만 2,000딸라, 중고는 값이 5,000~7,000딸라 나갑니다. 그뿐 아니라 번호판을 위탁할 경우에는 행정비를 포함해 모두 300~500딸라를 더 지불해야 합니다."

"운전하시면 한 달에 얼마 정도 급료를 받으시나요? 월급인가요? 아니면 매일 일당을 받으시나요?"

"하루 번 돈을 납부하고, 나머지는 운전사들이 갖게 됩니다. 급료는 얼마 받는지 말씀 드리기가 좀 곤란합니다.(필자는 여러 사람을 통해 하루에 보통 50달러에서 많게는 100달러 정도 벌 수 있다는 이야기를 들을 수 있었다.)

"영업은 잘되시나요?"

"아이구, 잘 안됩니다. 이게 돈이 되니까 지어(심지어) ○○○에서도 회사를 차려 택시들이 아주 많아졌고, 간섭도 심한 편이라서 영업이 잘 안됩니다."

어느 날 한 운전기사를 통해 평양의 택시 변천사를 들을 수 있었다.

"1987년 평양에서 세계청년학생축전을 했지 않았습니까? 그때부터 우리 평양에 택시가 본격적으로 운행되기 시작했습니다. 당시에는 여성 동무들이 택시 운전사로 복무하기도 했습니다. 손님들은 대부분 외국인과 해외동포 분들이었고, 당시는 국돈으로 기본료금이 6원 정도였을 겁니다. 1km당 잘해야 1원씩인가 추가될 정도로 료금이 아주 눅은 편이었습니다."

"현재 기본요금 2달러에 비하면 참으로 저렴했네요."

"처음이다 보니 택시비가 눅은 편이었지요. 지난 시기 우리 장군님(김정일 국방위원장) 서거하셨을 무렵(2011년 12월)에 중국산 택시가

들어오기 시작한 이후 올 초(2014년)까지 500대로 증가하지
않았습니까? 그런데 올 중순에 홍콩 회사까지 참여해 500대의 택시가
또 들어오는 바람에 모두 1천 대로 늘어났지 뭡니까?"

운전사들의 증언처럼 2012년부터 평양에 택시가 본격적으로
운행되기 시작하였다. 급기야 2017년 초에는 평양에서 운행되는 택시만
1,500대에 이르렀다. 그럼에도 불구하고 '기본요금 2달러' 규칙은
철저하게 지켜지고 있었다.

평양 시내를 달리는 택시의 차종은 온통 중국산 비야디였다. 평양
시민들은 비야디 택시들이 알록달록한 두 가지 색상을 가진 탓에
'알락이 택시'라고 불렀으며, '베이징 택시'라고 부르는 사람도 많았다.
비야디 차량이 베이징의 대표적인 영업용 택시라서였다.

택시기사들은 자신들이 외화를 벌어 애국한다는 긍지가 넘쳤다.
대부분의 인민들은 육체노동에 종사하지만 자신들은 시원한 바람을
맞으며 돈도 벌고 여유롭게 일한다는 자부심도 컸다. 택시기사가 인기
직종으로 간주됨을 알 수 있었다.

지방에도 활성화된
영업용 택시

2016년까지만 해도 이북에서 택시 영업이 보편화된 곳은 평양과
라진(라선시)뿐이었다고 한다. 다른 지방 도시에서는 아직 활성화가

되지 못했다. 그 후 짧은 기간 동안 택시 영업은 전국으로
확대되었다.

호텔 주차장에서 휴식을 취하고 있던 운전기사에게 지방의 택시
현황을 물어본 적이 있다.

"평양 외에 지방에도 택시가 많습니까?"

"이전에는 평양시하고 라선시에만 있었지만, 지금은 평성, 원산,
함흥 할 것 없이 지방에도 모두 택시가 운행되고 있습니다."

이북의 영업용 '지방택시'는 두 가지로 구분된다고 한다. 고려항공
산하 조직에 속한 '지방택시'와 자금력 있는 돈주나 개인 사업자가
운영하는 '개인택시'다. 지방택시와 개인택시는 비슷한 듯이 들리지만
확연히 다르다.

고려항공 소속의 택시는 이른바 '국가택시'로 불릴 정도로 특혜를
받고 있다. 국가택시에는 반드시 미터기가 부착돼 있고, 요금이 비싼
편이다. 그러나 '개인택시'는 미터기가 없어 기사가 임의로 요금을
책정해주며, 비교적 저렴하다. 지방에서 운영하는 영업용 택시의
요금은 지역에 따라 차이가 있다. 대략 30리(12km) 주행에 20위안
정도라고 보면 된다.

국경도시인 신의주의 경우 영업용 택시가 시내 교통량의 대부분을
차지한다. 시내를 돌아다니는 빨간색, 검정색 택시는 모두 고려항공
소속이다. 고려항공 신의주-평양 항공편을 구매하면 공항을
오고가는 택시 서비스가 제공된다. 택시 요금은 평양행 항공권
가격에 포함되어 있다. 신의주를 경유하거나 기차가 몇 시간

9.6____ 평양역 앞에서 각종 택시들이 손님을 기다리고 있다. 그밖의 차량도 많이 보인다.

정차하는 동안 역 주변을 살펴보니 평양 택시들이 많이 보였다.

지방택시들은 단거리 운행은 물론 함경북도나 량강도 국경지역까지 직행하는 특별 교통수단으로 등장하였다. 회령이나 혜산 같은 국경도시까지 빠르게 도착하는 교통수단은 개인택시가 유일하기 때문이다.

평안도 내륙과 량강도 북쪽 택시 운전사들은 손전화로 긴밀하게 통화하면서 장거리 손님들을 중간지점에서 인수 인계해주는 방식으로 택시를 운행한다고 한다. 이를테면 평안도 택시가 함경도 경계를 넘어 운행할 수 없기 때문에, 경계지역인 함경남도 함흥에서 다른 택시로 환승하는 것이다.

서울에서 평양까지
택시 타고 왕래하는 그날

1980년대 말 한국 대학가에서 인기를 끈 민중가요 중에 〈서울에서 평양까지〉란 노래가 있다.

"서울에서 평양까지 택시 요금 5만 원. 소련도 가고 달나라도 가고, 못 가는 곳 없는데, 광주보다 더 가까운 평양은 왜 못 가. 우리 민족 우리의 땅 평양만 왜 못 가. 경적을 울리며 서울에서 평양까지 꿈속에라도 신명나게 달려 볼란다."

노래 가사 속의 서울-평양 택시요금은 처음에는 '2만 원'이었다.

90년대 들어 이 노래를 가수 신형원 씨가 개사해 부르면서 요금이 '5만 원'으로 바뀌었다. 지금은 아마 서울-평양 구간 택시요금이 30만 원 정도 나올 것으로 예상된다.

　구글 인공위성 사진을 보면 서울에서 평양까지 250km 정도의 거리가 나온다. 서울에서 광주(약 270km)보다 가깝고, 대전(약 150km) 보다는 먼 거리다. 이처럼 가까운 거리임에도 불구하고 70년이 지나도록 서울-평양 길을 택시 한 대 달리지 못했다. 조만간 평양 택시가 서울로 손님을 태워 달려오고, 반대로 서울 택시가 손님을 태우고 평양으로 갈 날이 왔으면 좋겠다.

10.

200미터 지하를
달리는
평양 지하철

자체 생산한 최신형 전동차
운행은 새 분기점

평양 지하철의 역사는 2016년 1월 1일을 기점으로 그 이전과 이후로 크게 구분된다. 이때부터 자체 기술로 생산한 최신형 전동차가 운행되기 시작하였기 때문이다. 신형 전동차에는 과거와 달리 김일성, 김정일 두 지도자의 영상(사진)이 걸려 있지 않고, '노약자석과 임산부석'이 새로 마련되어 있다. 새 전동차가 도입되기 전에는 전동차의 앞쪽에 '전쟁로병 자리(우대석)'만 마련되어 있었다.

1973년 평양 지하철이 개통되면서 사용된 전동차는 중국 장춘에서 생산한 차량이었다. 2000년부터는 독일에서 생산한 신형 객차를 수입해 사용하였다. 그러던 것이 2016년부터 자체 생산한 전동차를 도입한 것이다.

그동안의 평양 지하철 전동차는 문을 수동으로 열고 닫아야 했으나, 신형 전동차의 출입문은 자동으로 열고 닫힌다. 전동차 객실 내부에 디스플레이가 설치되어 전동차가 어느 역을 통과하는지 알 수 있으며, 지하철 플랫폼에도 전광판이 설치되어 있다.

과거 필자가 처음 지하철을 탑승하던 시기에는 지하철 내부와 승강장이 침침하고 어두웠으나, 최근에는 역사 내부와 에스컬레이터 통로, 승객이 탑승하고 하차하는 승강장, 지하철 내부 모두가 밝고 환해졌다. 전동차들도 전력 부족으로 운행이 지연되는 일 없이 정상 운행되고 있다.

가장 붐비는 역은 승리역,
가장 화려한 역은 영광역

평양 지하철을 타기 위해서는 역사에 도착해 표를 구입한 다음 개찰구를 통과해야 한다. 그리고 지하 플랫폼으로 가기 위해 에스컬레이터를 타야 한다. 유사시 방공호로 사용할 수 있도록 설계되어 일반 승강기(엘리베이터)가 비상용으로 마련되어 있으나, 평소에는 승강기를 개방하지 않기 때문에 에스컬레이터 외에는 다른 이동 루트가 없다.

지하 150~200미터 지점으로 내려가기 위해 에스컬레이터에 올라타면 거대한 깊은 동굴 속으로 한없이 빨려 들어가는 느낌을 받는다. 그러나 과거와 달리 오르내리는 승객들은 서로 웃으며 대화를 나누기도 하고,

친구들끼리 가벼운 장난을 치기도 하고, 연인끼리 팔짱을 끼거나
서로의 몸을 밀착해 애정을 표현하기도 한다. 의복들도 더욱 화려해지고
고급스러워졌다.

지하철 요금은 2000년대 초반까지 국돈(북 화폐) 2원이었으나, 2010년
이후 5원으로 인상되었다. 지하철 티켓을 구매하는 방법은 두 가지가
있다. 첫째는 매표소에서 현금을 주고 일회용 티켓을 구입하는 것이다.
둘째는 정액 카드를 구입하는 것이다. 정기적으로 또는 자주 지하철을
이용하는 승객은 정액 카드가 유리하다. 일회용 표나 정기 카드 없이
개찰구를 통과하려고 하면 개찰구 게이트가 닫힌다.

가장 깊은 지하철역은 개찰구에서 승강장(플랫폼)까지 5분 가량
걸렸다. 전동차는 보통 5~7분 간격으로 다닌다. 혼잡한 출퇴근
시간대에는 2분 간격으로 운행한다. 2017년 초반에 확인한 운행 시간은
오전 5시 30분부터 오후 11시 30분까지였다.

승객들은 전동차 내에선 거의 말없이 침묵을 지켰다. 학생들도
조잘조잘 떠드는 경우가 거의 없었다. 최근 들어 휴대전화(손전화)
사용자가 눈에 띄게 늘었다. 휴대전화로 《로동신문》을 읽거나 갖가지
생활정보를 제공받을 수 있기 때문에, 과거와 달리 손전화에 집중하는
젊은 승객들이 많아졌다. 독서에 몰두하거나 컴퓨터 노트북 가방을
들고 있는 사람들도 있었다.

독서를 즐기는 승객들은 승강장이나 객차 안에서 흔하게 목격되었다.
전동차 안에서 신문을 보는 사람은 한 명도 없었다. 대부분의 승객들은
플랫폼에 설치된 신문 게시판에 모여 머리를 들이밀고 조용히 신문을

10.1＿＿ 기둥 장식과 벽화,
샹들리에가 아름다운 영광역 플랫폼.

읽는다. 신문을 판매하는 가판대도 있긴 하지만, 모든 역의 승강장에는 《로동신문》 판독대가 설치되어 있다.

지나칠 정도로 질서정연하고 조용한 승객들의 빈틈없는 모습에 언제쯤이나 익숙해질까. 서울 지하철에 비하면 모든 것이 조용하고 차분했다.

지하철역 가운데 가장 붐비는 곳은 승리역이었다. 주변에 만수대 언덕, 김일성광장, 인민대학습당, 평양제1백화점, 평양학생소년궁전, 만수대의사당 등 중요한 국가기관이 밀집해 있기 때문이다. 김일성광장에서 시민궐기대회나 군사 퍼레이드가 벌어지는 날의 혼잡도는 상상을 초월한다.

지하철 내부가 가장 크고 화려한 역은 영광역이다. 높다란 천장에는 화려한 빛을 뿜어내는 대형 무리등(샹들리에)이 달려 있고, 승강장 전체 벽면이 갖가지 벽화로 장식돼 있다. 승강장에는 3미터 높이의 김일성 주석 동상이 설치되어 있다. 평양 지하철의 모든 역사는 지상 출입구가 하나뿐인데 비해 영광역에는 두 개가 있다. 평양역(국철)에서 걸어서 5분 거리인 영광역은 김정은 국무위원장이 근무하는 로동당 중앙당 청사와도 가까운 거리에 있다.

평양 지하철역의 이름은 하나같이 추상명사로 되어 있다. 전투적이고 혁명성을 띤 것이 특징이다. 봉화, 통일, 개선, 전우, 붉은별역 등의 이름에서 그것을 알 수 있다.

10.2___ 지하철에 탄 어린이가 호기심 어린 눈빛으로 카메라를 응시하고 있다.

서울 지하철과
평양 지하철

평양에 지하철이 개통된 시기는 서울 지하철 1호선보다 1년 빠른 1973년이었다. 외형적인 발전은 서울이 더 빨랐다.

얼마 전 미국 자동차 전문매체 〈잘롭닉(Jalopnik)〉은 '서울 지하철'을 가장 좋은 시스템을 갖춘 세계 1위 지하철로 선정했고, '평양 지하철'은 9위로 선정했다. 우리 민족이 건설한 남과 북의 대표적인 지하철이 모두 10위권에 들었다니 기쁘기 그지없다.

　필자는 서울 지하철이나 미국의 지하철과 판이하게 다른 평양 지하철의 일상을 느끼기 위해 이북을 방문할 때마다 반드시 지하철을 탑승하였다. 처음 타본 구형 전동차의 객실 내부는 나무 벽면이어서 포근한 이미지를 주었다. 최근에 도입된 새로운 전동차는 최첨단 금속성 내장재로 마무리하였기 때문에 서울 지하철을 탄 것인지 평양 지하철을 탄 것인지 잘 구별이 가지 않는다. 그렇다고 모든 객차가 새 전동차로 교체된 것은 아니다.

10.3＿＿ 깊은 지하 승강장으로 데려다주는 에스컬레이터. 왼쪽과 가운데는 올라가는 승객이, 오른쪽은 내려가는 승객이 이용한다.

　아무튼 늘 인파로 붐벼 서로 몸을 부딪쳐야 하는 서울 지하철과는 달리 평양 지하철은 낭만을 느끼게 한다. 예나 지금이나 플랫폼에서 빨간 피켓을 들고 전동차의 도착과 출발 신호를 보내주는 아리따운 여성 봉사원들과 제복을 입고 운전하는 기관사들의 모습은 여전히 이채로웠다.

평양 지하철의 가장 큰 특징은 캡슐카나 케이블카를 타고 산을 오르내리는 등산철도를 연상시키는 점이다. 보통 10~30미터만 에스컬레이터를 타고 내려가면 승강장에 도착하는 서울과 달리, 평양에서는 지하 150~200미터나 되는 가파른 길을 내려가야 한다. 그 옛날에 어떻게 그런 고도의 에스컬레이터 기술력을 확보했는지 미스터리다. 서울에서 가장 깊은 곳에 설치된 지하철 궤도는 1996년에 개통한 8호선 남한산성역인데, 지하 56미터라고 한다.

서울 지하철은 서울시와 위성도시를 거미줄처럼 연결해준다. 반면 평양 지하철은 십자형의 2~3개 노선뿐이라서 매우 단조롭다. 서울의 지하철 노선 길이는 332km이지만 평양은 39km라서 서울의 10분의 1을 조금 넘는 정도이다. 평양 지하철역은 모두 17개에 불과하고, 지하철 하루 이용객이 대략 30만 명 선이라고 한다. 500만 명에 이르는 서울 지하철 이용객에 비하면 적은 규모이지만, 평양 인구가 서울 인구의 4분의 1 수준임을 감안해야 한다. 평양 지하철도 출퇴근 시간대에는 혼잡한 편이다.

평양 지하철은 각 역마다 역사(건물)가 들어서 있다. 지상의 역사가 없는 역은 승리역이 유일하다. 서울 지하철은 지상 구간이나 고가 구간을 달리는 경우가 있지만, 평양 지하철은 철저하게 땅속만 달린다. 또한 서울 지하철이 교각 또는 해저 터널을 통해 한강을 가로지르는 반면 평양 지하철은 대동강을 지나는 노선이 없다. 하저터널을 뚫어 동평양 쪽으로 지하철을 연결하려고 5~6차례 시도했으나 실패했다고 한다.

평양 지하철에서도 서울 지하철처럼 크고 작은 사건 사고가 심심찮게 발생한다. 가장 흔한 것은 승객들의 돈주머니를 터는 소매치기이다. 지방에서 원정 온 부랑아들이 그런 짓을 저지른다고 한다. 필자는 가짜 산삼을 진짜 산삼으로 속이는 어린 학생들에게 대동강변에서 당한 적이 있다. 사람 사는 곳은 어디나 마찬가지라는 것을 새삼 절감했다.

평양 지하철은 미술관이다

지하철을 타보면 그 도시의 정신과 철학을 어느 정도 파악할 수 있다는 말이 있다. 서울 지하철과 평양 지하철은 마치 자본주의와 사회주의의 상징처럼 각기 고유한 특성들이 뚜렷하게 대비된다.

어느 평양 시민은 "심청이는 인당수에 뛰어들어 용궁을 보았다지만, 우리 인민들은 지하로 100메타만 내려가면 용궁을 볼 수 있습니다"라고 말했다고 한다. 그 정도로 지하철에 대한 자부심이 대단하다. 평양에 있는 철도박물관이나 전차박물관에 가면 북녘 인민들이 왜 그런 자부심을 갖게 되었는지 자세히 알 수 있다.

천장에 매달린 화려한 샹들리에는 오색찬연한 꽃다발이 하늘에서 내려오는 것 같은 착각을 불러일으킨다. 아름답게 장식된 고풍스런 대리석 기둥, 그리고 천장과 벽면을 장식한 웅장한 벽화에서 풍기는 예술적 분위기는 뉴욕이나 모스크바 지하철을 압도하고도 남았다. 승강장의 선로 벽면에도 모자이크화들이 장식되어 있으며, 대리석,

10.4＿＿ 천리마선 승리역 지하계단 입구.
평양 지하철은 역마다 역사건물이 있으나
승리역만 역사가 없다.

부각, 조각 작품이 내부 인테리어 장식에 사용되었다. '부흥역'과 '영광역'은 내부가 가장 화려해 해외동포나 외국인 관광객들이 단골로 견학하는 구간이었다. 지상 역사를 통과해 지하로 내려가면 마치 '벽화 미술관'에라도 온 듯한 착각을 불러일으킨다. 지하 궁전을 연상시키는 탓에 '지하의 평양'이라 일컬을 정도로 화려하고 인상 깊다.

에스컬레이터에서 하차해 넓고 큰 계단을 내려오면 플랫폼(승강장) 공간이 펼쳐지기 시작한다. 큰 계단을 내려오기 직전의 벽면에는 어느 역을 가던지 최고지도자들과 관련된 대형 벽화를 그려놓았다. 또한 벽과 기둥들은 사회주의적 사실주의 양식의 모자이크나 소조로 장식했다.

대형 벽화는 17개 역마다 각기 그 이름에 걸맞은 주제를 다루고 있다. '부흥역'의 벽화는 젊은 노동자들이 직장과 일터로 나가는 역동적인 모습을 그렸으며, '영광역'은 전후 폐허가 된 평양 시가지를 복구한 모습을 형상화했다. 어느 역에 가면 플랫폼 기둥에 '여성해방만세!' 라는 제목의 모자이크화가 그려져 있고, '황금벌역'에는 황금과일과 풍성한 가을을 연상하는 타일 벽화가 그려져 있다. 철로 벽면에 '조선독립만세!!'라는 글씨와 함께 일제강점기 3·1운동 장면을 그린 벽화도 걸려 있었다. 캔버스에 그린 대형 유화처럼 보이지만, 한 발짝 다가가면 조그만 색자기(타일) 쪽을 이어 붙인 작품임을 알 수 있다. 이른바 '우리식 쪽무이(모자이크) 벽화' 방식으로 만든 작품이라고 한다. 무엇보다 벽화의 크기와 규모에 놀라고, 아름다운 색상에 다시 한 번 놀란다. 대형 유화같이 보일 만큼 섬세하고 색깔도 선명했다. 동판화도 아주 많았다.

신형 전동차를 보고 김종태,
신영복 선생을 생각하다

　지하철 내부와 플랫폼에서 사진을 촬영하는 것에 대해 특별한 제한은 없었다. 그러나 지하철이 터널을 통과하는 동안에는 군사시설로 전환되기 때문에 촬영을 금지한다.

　북이 자체 개발한 신형 전동차에 탑승해 이동 중이었다. 그때 불현듯 김종태, 신영복 두 분의 이름이 뇌리를 스쳤다. 2016년 새롭게 운행된 이 지하철 전동차가 '김종태전기기관차연합기업소'에서 만든 제품이기 때문이었다. 회사이름은 1969년 통혁당(통일혁명당) 사건의 주동자로 체포되어 사형당한 김종태의 이름에서 따왔다. 신영복 선생도 그때 김종태와 함께 재판을 받았다. 그 회사의 연혁을 거슬러 올라가면 1945년 11월에 설립된 평양철도공장으로 소급된다. 김종태 선생이 사형당한 뒤 해주사범대학교 이름도 '김종태사범대학교'로 바뀌었다.

　전동차 객실 출입문 위에는 차량이 통과하거나 정차하는 역과 주행속도를 표시하는 전광판(디스플레이)이 설치되어 있었다. 전자 광고판 스크린도 눈에 띄었다. '붉은별역'과 '부흥역'을 잇는 천리마선에 투입된 최신형 전동차는 차량 내부 조명이 한결 밝아졌다. 그리고 핑크색 손잡이와 좌석을 설치해 여성 승객들의 취향을 반영한 듯이 보였다.

　그동안 평양 지하철 전동차에는 다른 곳에서 볼 수 없는 특별한 좌석이 있었다. 전쟁 참가 노병을 위한 좌석이다. 노약자나 임산부,

10.5___ 영광역 플랫폼 벽면의 벽화는 미술관에라도 온 듯한 착각을 불러일으킨다.

환자, 장애인 들을 보호하는 좌석이 아니라, 공화국 영웅이나 노력영웅 혹은 영예군인(상이군인), 전쟁 참가 노병(6·25전쟁 참전 경력이 있는 노인)들의 자리가 우선적으로 지정되어 있었다. 과연 선군정치를 추구하는 사회다웠다.

그러나 새 전동차가 도입된 후에는 노약자보호석과 임산부석이 마련되었다. 배가 부른 임산부나 노인, 어린아이를 업은 여성이 나타나면 승객들이 순식간에 일어나 자리를 양보하는 모습도 자주 목격했다.

지하철 플랫폼에는 비디오 패널 광고도 등장했다. 심장약이나 아동용품 광고가 주기적으로 나왔으며, 플랫폼 전광판에는 승객들에게 당부하는 주의사항이 반복적으로 표시되었다.

평양 지하철 외에도 평양역을 중심으로 평의선과 평남선 국철 구간에는 통근형 전동차가 운행된다.

**평양 지하철의
역사를 알게 되다**

평양 지하철은 1961년에 착공되어 1973년 남북노선인 천리마선, 즉 1호선이 개통되었다. 1978년에는 광복역과 락원역을 잇는 동서노선인 2호선, 즉 혁신선이 완공되었고, 1987년 봉화역에서 부흥역간의 연장공사가 마무리되었다.

"우리 평양 지하철은 1957년 1월 위대하신 김일성 수령님께서 수도 건설과 관련한 교시와 함께 평양 지하철도 건설을 최초로 발기하셨습니다. 그 결과 1961년 지하철도 건설이 시작되었으며, 건설 초기부터 제4단계 건설에 이르기까지 수십 차례의 현지지도와 수백 차례의 교시를 내려주신 결과에 의해 오늘날의 웅장한 공화국 지하철도가 탄생하게 되었습니다."

필자와 일정을 함께한 안내원이 평양 지하철의 역사를 소상히 설명해주었다. 안내원이 4단계라고 말한 것은 1975년에 혁신선의 일부 구간(락원역-혁신역)이 준공되었기 때문이다. 동평양으로 연장되는 노선을 추가 건설하려 하였으나 아직 답보 상태이다. 만경대선이 계획대로 진행되지 않은 까닭에 현재는 천리마선에 만경대선을 포함시켜 부르는 형국이다. 본래 17개의 역이 있었지만 김일성 주석 서거 후 유해가 안치된 금수산기념궁전 근처의 광명역이 폐쇄되어 16개 역만 운영되고 있다.

평양 지하철은 핵 대피소를 겸하는 방공호 기능으로 건설되었기 때문에 고심도(高深度) 지하철이다. 도시철도의 기능과 공습 대비 방공호의 기능이 있다 보니, 보안상의 문제로 외국인에게는 천리마선의 부흥역(보통강호텔 앞)에서 영광역(평양역 앞)까지만 부분적으로 개방해왔다. 그 후 점차 공개 구역을 넓히다가 2014년부터는 모든 역사를 외국인에게 개방하고 전동차를 탑승할 수 있도록 허락했다.

11.

북녘의 이국적인
전차 문화

무궤도 전차는 평양의 얼굴

평양 시민들은 '무궤도 전차는 평양의 얼굴'이라는 말을 하곤 한다.
전차가 평양 시민의 일상생활에서 없어서는 안될 중요한 부분을
차지하고 있기 때문이다. 여기서 말하는 무궤도 전차는 최신형
트롤리버스(Trolly-Bus)를 가리킨다.

평양 시민들은 누구라도 전차에 얽힌 일화와 추억 몇 가지는 가지고
있다. 가장 큰 공통점은 많은 사람들이 궤도 전차 공사가 진행될 때
공사 현장에 동참한 일을 큰 보람으로 여기는 점이었다.

궤도 전차는 1991년에 개통되었다. 도로 위에 궤도를 설치하는
작업과 전차 지붕에 연결되는 전깃줄을 공중에 설치하는 작업은
고도의 정밀 기술을 요구하는 일이 아니기 때문에, 많은 인민군
장병들과 평양 시민, 노동자들이 한마음으로 땀 흘려 일했다고 한다.

완공 후 전차는 평양 시민들의 발이 되어주었다. 어느 교통수단보다 편리하게 자주 전차를 이용한다. 직장 출퇴근이나 학교를 오가는 데 매일 이용하다시피 하는 사람들이 많다. 주말이 되면 주부들은 야외로 소풍 가기 위해 곤히 잠들어 있는 아이들을 새벽부터 깨운다. 일찍 서둘러야 첫 전차를 타고 문수원이나 창광원을 다녀올 수 있기 때문이다.

동평양 지구에는 지하철이 다니지 않는다. 대동강을 건너 출퇴근하는 시민들을 위해 송신역에서 만경대 구간에 무궤도 전차 노선이 건설되었으며, 시민들이 많이 거주하는 문수거리와 락랑거리 구간에도 무궤도 전차노선이 개통되었다. 무궤도 전차는 궤도 전차보다 훨씬 오래 전인 1962년부터 운행되기 시작하였다.

궤도 전차가 만들어지기 전에는 송신-만경대 노선을 버스 두 대가 연결된 노란색 굴절버스 전차가 다녔다. 시민들은 그때 당시 노랑색 차량의 멋진 모습을 기억하고 있었다. 그 후 이 노란색 굴절버스를 없애고 송신역부터 만경대까지 궤도 전차가 놓였다. 락랑거리와 문수거리 구간에도 궤도 전차가 운행되기 시작하였다.

무궤도 전차는
청진, 원산, 함흥 등에서도 운행 중

평양에는 무궤도 전차와 궤도 전차 두 가지가 다 운행되고 있다.

궤도 전차는 3개 노선을 운행 중이다. 궤도 전차 차량은 대부분 김종태전기기관차 공장에서 생산하며, '붉은기 6호'가 가장 대표적인 차량이다.

무궤도 전차는 궤도 없이 공중에 설치된 전깃줄을 따라서 움직이는 전차를 말하는데, 전기로 운행하는 버스라고 할 수 있다. 평양에는 15종류 이상의 무궤도 전차 차량이 운행 중이다. 색상이 컬러풀한 디자인이 많다. 평양 시내의 주요 간선도로 10개 노선에서 무궤도 전차가 운행되고 있다. 대략 100명 정도가 타는 대형버스와 50명쯤 타는 소형버스가 있다.

11.1____ 아침 시간에 승객을 가득 태운 무궤도 전차가 시내를 달리고 있다.

평양뿐 아니라 청진, 원산, 구성진, 평성, 안주, 경성, 함흥, 서천, 혜산 등 10여 개 도시에서 대중교통 수단으로 무궤도 전차가 운행되고 있다. 배기가스가 없고 건설비가 적게 드는 까닭에 전국적으로 인기가 많다고 한다. 이북은 최근 들어 최신형 트롤리버스를 대량 생산하기 시작하였다. 이에 따라 전차 문화도 새롭게 변모하는 추세다. 무궤도 전차의 요금은 5원으로 통일되어 있다.

무궤도 전차의 또 다른 명칭인 트롤리버스는 일반적으로 팬터그래프가 차량 천장에 탑재되어 외부 전력을 공급 받아 구동되는 시스템이다. 얼핏 노면 전차와 비슷하게 보이지만, 별도의 레일이 필요한 노면 전차와 달리 트롤리버스는 도로 위를 타이어식 바퀴가 굴러간다.

트롤리버스는 전기철도를 개발한 독일의 발명품이다. 독일을 비롯해 유럽 각국과 미국 등지에 활발하게 보급되었으나, 도시철도 등이 그 역할을 차지하는 바람에 트롤리버스의 운행은 점차 사라졌다. 하지만 전기차량 기술의 발전으로 매연과 소음이 없고 에너지도 절약할 수 있기 때문에 최근에 다시 새롭게 각광받고 있다고 한다.

정전돼도 멈추지 않는
신형 무궤도 전차를 생산하다

평양의 전차는 크게 3종류가 있다. 궤도 전차와 무궤도 전차, 무궤도 전차의 일종인 트롤리버스가 그것이다. 트롤리버스는 기존의 무궤도 전차를 리모델링한 것으로, 트롤리선에서 전력을 공급 받아 운행하는 첨단 대중교통 수단이다.

트롤리버스의 생산을 담당하는 부서는 평양 수도여객운수국이다.

11.2____ 대동문극장 앞을 엇갈려 지나는 서로 종류가 다른 무궤도 전차.

2017년 3월 축전지를 동력으로 활용하는 신형 무궤도 전차(트롤리버스)를 개발해 시운전한 것이 트롤리버스 대중화의 시초가 됐다. 이북 자체 기술로 100% 국산화에 성공한 것이다.

평양 시민들은 큰 도로에 설치된 전차 선로를 가리켜 트롤리선이라고 부른다. 평소에는 외부에서 공급 받는 전력으로 운행하다가 정전이 되면 즉시 사전에 충전해놓은 축전지가 가동되어 운행에 지장을 받지 않는다. 축전지를 동력으로 이용해 전차를 움직인다는 것은 선로를 통해 공급 받는 전기 동력에만 의존하던 기존의 시스템에서 벗어나 강력한 배터리(축전지)를 구비하는 2중 전원 시스템을 갖추었다는 의미이다.

그동안 무궤도 전차들은 트롤리선으로 공급 받은 전력만으로 운행했기 때문에, 전기가 끊기면 차량이 움직이지 못한 채 꼼짝없이 서 있어야 했다. 출퇴근하는 직장인들이나 통학하는 학생들의 지각 사태가 벌어지곤 했다. 이런 문제점을 기술적으로 해결함으로써 2018년 3월부터 무궤도 전차 차량 생산을 본격화하기 시작했다고 한다.

첫 제품이 바로 '천리마-316'형이다. 이전에는 연결식 대형 무궤도 전차만 생산해왔는데, 신형 차량은 그에 비하면 크기가 작다. 소형이기 때문에 수송 승객은 다소 적을 수밖에 없다. 탑승 정원은 80명이고 최대 120명까지 탈 수 있다. 차량 객실에 오르내리는 계단 높이를 낮추어 승객들의 승하차를 편하게 만든 것이 눈에 띄는 개선점이었다. 그뿐 아니라 전력이 절반 정도 절약되고, 진동과 소음이 많이 줄어들었다고 한다.

평양의 이국적인
전차 문화와 역사

평양 시내 대로변을 다니는 전차들의 모습을 보노라면 일곱 빛깔 무지개 색상처럼 다양하고 원색적이다. 게다가 전동차의 디자인과 모델, 문양이 워낙 다양해서 평양 시내 전체가 마치 전차 박물관처럼 보인다. 이처럼 이국적이고 다양한 풍경을 연출하는 전차의 역사는 어떻게 시작된 것일까.

한반도에서 운행된 전차의 역사를 거슬러 올라가면 1923년 일제에 의해 개통된 전차가 그 모태이다. 일제강점기에 서울, 부산, 평양 등 이른바 '조선 3대 도시'에서 운행되었다. 해방 후에도 계속 운행되었으나, 6·25전쟁이 발발하면서 전차 시설물과 전동차량, 전용도로가 모두 파괴되었다. 그 후 남측은 부서진 시설을 복구해 이전처럼 운행을 계속하였지만, 평양은 복구하지 않고 전차 운행을 폐지하였다.

한동안 서울과 부산의 전차 운행은 지속되었다. 그것도 잠시, 1960년대 들어 자동차가 대중화되면서 모두 폐지되어 역사 속으로 사라지고 말았다. 그리고 서울, 부산 등의 대도시는 새로이 지하철 시대로 전환되었다.

전후 복구 시기를 거쳐 1960년도가 되자 평양은 동유럽 국가들의 지원으로 무궤도 전차를 도입하였다. 해방 이전처럼 전차 시대가 다시 개막된 것이다. 남측과 달리 북에서는 일반인이 자동차를 소유하는

11.3___ 관광명소인 개선문 앞을 무궤도 전차가 지나고 있다.

경우가 드물다 보니, 필요에 의해 다시 전차가 등장한 것이다. 그 후
점점 증가하는 평양 거주 인구에 맞는 새로운 교통수단이 시급해지자,
노면전차를 건설하기 시작하였다. 궤도 전차는 2008년경 대대적인
노반 보수와 함께 새 단장이 이루어졌다.

트롤리버스 노선이 포화상태가 되자 평양시는 마지막 수단으로 궤도
전차 도입을 결정하였다. 이로써 평양은 전기로 구동되는 트롤리버스와
궤도 전차, 그리고 지하철이 가장 중요한 교통수단으로 자리 잡았다.

무사고 운전 5만km 달성 시마다
차 외벽에 붉은 별 표시

전차를 유심히 쳐다보며 궁금한 것이 있었다. 그것은 바로 전차 양
측면에 그려진 빨간색 별 표시였다. 마치 장군 계급장처럼 일렬로
나란히 그려진 별의 숫자는 차량마다 제각각이었다. 어떤 차량은 5개,
7개, 어떤 차량은 10개, 20개, 30개, 심지어 어떤 차량은 50개가 넘기도
했다.

알고 보니 별표는 5만km 무사고 운행을 달성할 때마다 수여하는
모범운전 표시라고 한다. 목표가 달성될 때마다 별표를 하나씩 더
그려준다고 한다. 어떤 차량에 7개의 별 표시가 그려졌다면 그 차량은
35만km 무사고 운행을 달성한 것이다.

예전에는 외국인 관광객들의 궤도 전차 탑승이 허용되지 않았다.

11.4____ 궤도 전차인 타트라 트램.

현재는 관광 패키지에 포함된 경우도 찾아볼 수 있다. 해외동포나 외국인이 전차를 타고 싶을 경우에는 1호선의 만경대-평양역 10.3km 구간에 한해 승차가 가능하다. 관광객들이 탑승하는 전차는 일반 인민들이 이용하는 전차와 다른 전세용 전차다. 이 전차는 탑승 인원에 구애받지 않고 단 한 명이 신청해도 운행해준다.

금수산태양궁전을 참관하는 사람들은 별도의 전용 전차를 이용할 수 있다. 1996년부터 이른바 '금수산노선'을 새로 개설한 것이다. 평양 지하철 2호선 광명역은 김일성 주석이 서거한 후 폐쇄되었다. 광명역은 금수산주석궁에 내리는 유일한 역이었다. 여러 가지 보안상 그런 조치를 내린 것 같다. 금수산노선은 삼흥역과 금수산태양궁전 사이를 왕복 운행한다. 지하철 이용을 못해 방문이 불편해진 조문객과 여행객들에게 교통편의를 제공해주려는 차원에서 노선이 신설되었다.

이 노선은 독립노선으로 운영되며 이용요금은 무료이다. 운행되는 전차는 녹색 바탕에 상부에 연두색 띠를 두른 산뜻하고 고풍스런 디자인의 스위스산 차량들이다. 대부분 2량 편성해 운행하고 있었다.

11.5＿＿＿ 40여 개의 무사고 별을 단 전차.
5만km 무사고마다 1개의 별을 달아주기 때문에
200만km가 넘는 무사고 운전 차량임을 알 수 있다.

귀여운 남자아이 9명과 어여쁜
여자아이 3명이 함께 노래와 율동을
하는데, 어찌나 귀엽고 앙증맞은지
한참 웃고 떠들며 즐거운 시간을
보냈다. 공연이 끝나자 아이들은
약속이나 한 듯이 모두 달려와 객석에
앉아 있는 우리들의 품에 안겼다.
너무도 감격스럽고 가슴이 찡해서
눈물을 참느라 혼났다.

아이들의 행동에서 가슴 깊은 진한
사랑을 느낄 수 있었다. 원아들 모두를
일일이 품에 안아주고 볼에 입맞춤을
해주었다. 그리고 강당 바닥을 뒹굴며
한참을 놀아주었다. 너무나 사랑스럽고
어여쁜 나의 아들딸들이었다.

3부

12.

고아들의
복지 교육
시스템을 엿보다

북녘 아동들이 학대 받는다고
거짓 증언해야 하나

2012년부터 3년여에 걸쳐 이북의 교육, 의료, 복지 현장을 두루
돌아보았다. 몇 차례 이북에 다녀온 다음 미국 남캘리포니아의
대표적인 한인 기독교방송인 미주복음방송(GBC) 라디오 프로그램에
출연하였다.

스튜디오에 도착해서야 방송국 측이 나를 초청한 이유를 알게
되었다. '세계 아동학대 예방의 날'을 맞이하여 이북의 아동학대 현실을
청취자들에게 적나라하게 들려주는 것이 목적이었다. 다른 한 명의
출연자는 미국의 아동학대 실태를 들려줄 미국 아동 전문가였다.

나는 이북을 방문해 직접 보고 겪은 대로 이북의 아동복지 실태를
가감 없이 증언하였다. 그러자 방송이 진행되는 동안 남자 아나운서는

얼굴이 사색이 되어 안절부절 못하는 표정이 역력하였다. 중간에
음악이 나가는 사이에 아나운서는 큰일 난 듯한 표정으로 다그치듯
반문하였다.

12.1___ 고아들의 보금자리
애육원 원아들과 즐거운 시간을
보내고 있는 필자.

"최목사님! 왜 북한 아동들의 비참한 현실을 말해주지 않고 자꾸
긍정적으로만 말씀하세요?"

어찌된 영문인지 여자 아나운서는 내 이야기에 맞장구를 쳐주며
싱글벙글하였다. 이북에 대한 생각이 아나운서들끼리도 달랐던 것이다.
음악이 나가는 동안 나는 남자 아나운서에게 차분하게 설명해주었다.

"아동학대가 없는데 어떻게 있다고 거짓을 말합니까? 이북 아동들이
굶주리고 헐벗으며 학대 받고 산다는 생각은 아주 잘못된 것입니다.
이북을 적대적으로 간주하는 선입견 때문에 오해하고 있는 겁니다.

물질적으로 풍요롭지 않아 없어서 못 먹이고 못 입힐지언정 아이들을 학대하지 않습니다."

이날 함께 출연한 미국 아동 전문가는 '미국 전역에서 하루에도 2천 건이 넘는 아동학대 사건이 발생하고 있다'고 증언하였다. 미국에 살고 있는 나 역시 그 같은 통계에 경악을 금할 수 없었다.

2부 방송시간에 나는 6·25전쟁 당시 발생한 10만 명의 고아들을 남과 북이 각각 어떻게 다루었는지 청취자들에게 설명해주었다. 남한은 해외에 고아들을 수출하는 방식으로 문제를 해결하였다. 반면 이북은 접근이 전혀 달랐다. 전쟁고아들을 루마니아, 체코, 폴란드 같은 동유럽 국가나 러시아, 몽골 등지로 보내면서 교사들을 딸려 보낸 것이다.

루마니아에는 자체적으로 세운 학교에 3천 명의 전쟁고아와 인솔교사를 보냈으며, 전쟁 복구가 끝난 후에 위탁교육을 보낸 고아들을 되찾아왔다. 폴란드에도 2천 명의 전쟁고아들을 위탁교육 보냈다가 1959년에 이북으로 귀환시켰다. 1952년 몽골에 보낸 고아 200명은 7년 후 이북으로 모두 돌아갔다. 이토록 자국 아동을 보살피고 돌보는 정부가 왜 아동을 학대한단 말인가? 이북이 아동을 학대했다는 공식적인 통계나 근거가 없음에도 불구하고 사람들은 막연히 으레 그럴 거라고 믿고 있다.

아니나 다를까, 라디오 방송이 나간 직후 일부 극우 성향의 청취자들이 방송국 사장실에까지 전화해 방송 내용을 문제 삼았다고 한다. 이북을 무조건 적대적 냉소적으로 보는 것이 가슴 아팠다.

12.2____ 행복해하는 소년 소녀들의 모습을 형상화한
작품(만경대학생소년궁전).

고아들의 교육 시스템과
복지 실태

이북에는 15곳의 육아원에 3천여 명, 12개 애육원에 2천여 명, 그리고 15개 초등학원과 중등학원에 7천여 명의 고아들이 있다. 이들은 연령에 따라 체계적인 양육과 교육을 받는다.

이북에서는 갓난아이에서 유치원 취학 전까지의 고아들을 보살피는 기관을 '육아원(育兒院)', 육아원을 졸업한 유치원 나이의 고아를 돌보는 시설을 '애육원(愛育院)'이라고 한다. 의사와 간호사의 중간 자격증인 '준의(準醫)' 이상의 자격증을 소지한 사람이 원장을 맡고, 보육원(교사) 들도 간호사 자격증이 있어야 한다.

고아들이 성장해서 초등학교에 갈 나이가 되면 '초등학원(初等學院)' 이라고 불리는 곳에 입학하여 공부하고 생활한다. 이들이 졸업하면 연이어 중고등학교 과정인 '중등학원(中等學院)'에 입학하게 된다. 이와는 별도로 혁명가 유자녀와 고아들을 키우는 특수학교인 '혁명학원(革命學 院)'이 있다. 고아들을 위한 육아원-애육원-초등학원-중등학원 연계 교육제도는 이북의 정규 의무교육 제도와 쌍벽을 이룬다고 보면 된다.

고아 출신으로 대학을 졸업한 학생들이 의외로 많았다. 대학에 가지 못하는 학생들을 위해서는 각종 기능 자격을 취득해 졸업 후 독립적으로 살아갈 수 있도록 중등학원 내에 시설을 갖춰 놓고 체계적인 훈련을 시켜준다.

'육아원'과 '애육원'은 기존의 고아원 개념에 머무르는 게 아니다.

고아 양육 시설의 차원을 뛰어넘어 훨씬 광범위한 개념으로 운영되는 것이다. 부모가 있는 세쌍둥이나 네쌍둥이들이 평양산원을 퇴원한 다음 '육아원'과 '애육원'에서 보살펴주는 것이 그 단적인 예이다.

수도권은 평양에 소재한 '육아원'과 '애육원'에서, 지방은 각 시도 지역에 설립한 '육아원'과 '애육원'에서 보살펴준다. 퇴원 이후에도 세심한 양육이 필요한 자녀들, 산모의 건강이 악화된 자녀들, 부모가 이혼을 하거나 사고가 발생해 직접 양육이 불가능한 자녀는 모두 육아원, 애육원에서 책임을 맡는다.

고아들의 보금자리, 평양 애육원을 가다

필자는 아이들을 무척 좋아한다. 그래서 평양 애육원 등지를 방문해 원아들과 함께 즐거운 시간을 갖곤 했다. 평양 애육원을 찾은 것은 2014년 4월이었다. 5~6세 나이의 고아 60여 명이 생활하는 곳이다.

애육원 건물에 도착하니 마당 오른쪽에 미끄럼틀을 비롯한 놀이시설이 즐비하게 갖춰져 있었다. 원장 일행이 우리 일행을 반갑게 맞이해주었다. 원장의 안내를 받아 2층 강당으로 올라갔다. 8명의 교사와 12명의 원아들이 우리 일행을 환영하는 축하공연을 준비하고 있었다.

귀여운 남자아이 9명과 어여쁜 여자아이 3명이 함께 노래와 율동을

12.3＿＿ 붓글씨를 연습하는 만경대학생소년궁전 서예반 학생들.

하는데, 어찌나 귀엽고 앙증맞은지 한참 웃고 떠들며 즐거운 시간을
보냈다. 공연이 끝나자 아이들은 약속이나 한 듯이 모두 달려와 객석에
앉아 있는 우리들의 품에 안겼다. 너무도 감격스럽고 가슴이 찡해서
눈물을 참느라 혼났다. 아이들의 행동에서 가슴 깊은 진한 사랑을 느낄
수 있었다. 원아들 모두를 일일이 품에 안아주고 볼에 입맞춤을
해주었다. 그리고 강당 바닥을 뒹굴며 한참을 놀아주었다. 너무나
사랑스럽고 어여쁜 나의 아들딸들이었다.

　평양 애육원은 그 해 연말에 대동강변에 새로 지은 초현대식 건물로

이전했다. 다음해에는 강원도 원산의 애육원과 육아원이 새 건물로
이사를 갔고, 라진 선봉 등지에도 새 건물이 들어섰다. 평안북도 삭주,
신의주, 동림 등 3곳에 도급 애육원이 건설되는 등 각 도마다 3~4곳씩
새 건물을 짓거나 기존 건물을 증축하는 운동이 벌어졌다. 한마디로
'고아원 시설의 중흥기'가 시작되었다고 할 수 있다.

"고아들도 미래 혁명의
계승자입네다"

공연을 관람한 후 시설을 두루 둘러보고 수업을 참관하였다. 아이들의
나이에 맞추어 높은 반과 낮은 반으로 나누어 수업을 진행하고 있었다.
계획된 일정을 마친 다음 원장과 잠시 환담을 나누었다.

"저희 애육원에는 보육실, 교양실, 도서실, 자연관찰실, 지능놀이실,
오락실, 목욕실, 치료실 등을 갖추고 있습니다만, 앞으로 몇 달 후에
이사 가게 될 새 집에는 수영장과 영화관은 물론 어린이 병원과 같은
수준의 의무실과 각종 편의시설들이 최상의 질적 수준에서 우리들을
기다리고 있습니다."

"그렇겠습니다. 새 집으로 이사 갈 생각에 얼마나 기분이
좋으시겠어요?"

"우리 원수님께서는 아이 한 명당 매일 곶감 5알과 300그람의 물고기
(생선)를 먹이시겠다는 약속을 제일 먼저 저희 평양 애육원에서

시작하셨습니다."

"제가 알기로는 원아들이 여기를 졸업하면 초등학원과
중등학원까지는 보장이 되어 있는 것으로 알고 있는데, 나중에
대학교에 입학하는 확률은 어떻습니까?"

"일없습니다. 우리 원수님은 '부모 없는 아이들도 우리나라 혁명의
계승자이고 미래의 역군이기 때문에, 전국의 애육원들을 혁명가
유자녀들을 키우는 혁명학원 수준으로 꾸려나갈 것이다'라고
제시해주셨기 때문에, 누구든지 각자 결심만 하면 나라에서 미래를
보장해줍니다. 자신의 특성에 맞게 원하는 대학교에 입학할 수가
있습니다."

이북에서는 고아들을 국가가 나서서 사랑을 베풀고 필요한 것을
헤아려 공급해준다. 보육사, 교원, 봉사원 할 것 없이 모두가 정성을
다해 아이들을 돌봐주고 친자식처럼 보살피는 것이 고아원의
운영방침이다.

북은 전쟁 시기 동유럽 등지에 위탁했던 전쟁고아들을 나중에 모두
복귀시켰을 뿐 아니라, 해방 직후 나라의 체계를 수립하면서 가장 먼저
다룬 안건이 아이들의 연필 공급 문제였다고 한다. 그만큼 아동 정책을
최우선하고 있음을 보여주는 사례다.

'고난의 행군' 시절에는 이북 사회 전체가 식량 문제로 큰 어려움을
겪었다. 그 같은 난관 속에서도 국가는 고아원 시설을 유지하고
지원하였으며, 관료들은 솔선하여 고아들을 입양했다. 자강도의 어느
간부는 고아를 열 명 넘게 입양하여 키웠다는 등 미담이 이어졌다.

12.4___ 만경대학생소년궁전에서 소녀들이 가야금 합주를 연습하고 있다.

이처럼 북은 아무리 어려워도 고아들을 포기하지 않고 모두가 협력하여 키웠다.

어느 나라이건 국가의 미래인 아이들을 방치하고서는 기초가 튼튼할 수 없다. 우리 민족의 통일 미래는 아이들을 귀중히 여기는 정책 속에 있다. 조만간 북미간에 평화협정이 체결되고 남북 사이의 관계가 정상화되면, 남과 북의 어린이들에게도 지금보다 더 밝은 미래가 펼쳐지게 될 것이다.

13

옥류아동병원을 가다

이북 최대의 어린이 종합병원

평양 대동강 기슭 문수지구에 새롭게 개원한 옥류아동병원을 방문하는 날이다. 주차장에 도착하고 보니 그 유명한 평양산원 길 건너 바로 맞은편이었다. 담당 안내원은 '어머니격인 평양산원이 자녀격인 옥류아동병원을 두 팔로 품에 안고 있는 모양새'라고 설명하였다.

양쪽 병원을 번갈아 유심히 살펴보았다. 자식과 어미가 결코 떨어질 수 없듯이, 어린이 전문병원과 어머니 전문병원은 서로 유기적 관계가 불가피하다는 것을 배려한 흔적이 엿보였다.

병원 건물은 포근한 느낌을 주는 외관을 지니고 있었다. 병원 입구에서 부원장을 비롯한 병원 식구들이 반갑게 맞이해주었다. 로비 정면 중앙에는 밝고 환한 표정의 어린아이들이 웃으면서 달려가는 내용의 대형 벽화가 그려져 있었다.

13.1___ 평양산원 맞은편에 자리한 옥류아동병원.

병원을 안내하는 해설사는 벽화 앞을 지나며 병원 시설을 설명하기
시작했다.

"우리 옥류아동병원은 지하 1층, 지상 6층 건물로 되어 있으며, 최신
의료 설비들을 갖추고 있습니다. 처치실, 수술실, 입원실 같은 치료
시설뿐 아니라 입원한 아이들이 공부할 수 있는 교실과 놀이장, 휴식장
들이 아주 잘 꾸려져 있습니다."

시설 현황을 그려놓은 안내판을 바라보니 각 층마다 의료시설이

빼곡히 들어차 있었다.

"저희 병원은 입원실이 모두 80개이고, 어린이 환자 전용 침대가 300개에 이릅니다. 2013년 10월에 개원했는데, 실제 환자를 진료하기 시작한 날은 어머니절을 맞이한 11월 16일부터입니다. 젖을 뗀 3세부터 16세 초급중학생까지의 아동들이 대상입니다. 평양뿐 아니라 지방 어린이들도 누구나 무상으로 리용할 수 있습니다. 근무하는 의사는 200명을 헤아립니다. 간호사와 행정관리원이 또한 200여 명에 달하고, 각종 봉사원과 교원들의 숫자도 130명 정도 됩니다."

500명이 넘는 의사와 직원들이 근무한다는 해설사의 말에 고개가 조금 갸우뚱해졌지만, 대형 전문병원의 특성상 그럴 수도 있으려니 생각되었다.

병원 입구부터 시작해 복도와 병실 등이 병원인지 놀이터인지 구분이 안 갈 정도로 화려하게 장식되어 있었다. 아이들의 정서를 고려해 건물 내부에 놀이시설을 많이 할애했다고 한다. 어린이들이 좋아하는 동식물, 자연풍경 그림과 캐리커처가 도처에 걸려 있었다.

의사 1명이
15명의 어린이 환자를 진료

병원 내부를 견학하며 이동하는 중에 동행한 의사에게 의사들의 근무 여건을 이것저것 물었다.

"옥류아동병원에 근무하는 의사들은 주로 소아과를 전공한 분들인가요?"

"네, 그렇습니다. 평양의과대학을 졸업한 분들이나 나중에 통합된 김일성종합대 평양의과대 소아과를 졸업한 분들이 대부분입니다."

속으로 '여기도 이북식 스카이(SKY-명문대)가 의료계의 요직을 독차지하고 있군' 하는 생각에 얼핏 쓴웃음을 머금었다.

"의사들의 근무 여건은 어떤가요?"

"저희 병원은 의사 1명당 15명 정도의 어린이 환자를 돌보고 있습니다. 한 달에 3, 4명 남짓 중환자 어린이들이 찾아옵니다."

"환자들은 주로 평양시 지역에서만 옵니까? 아니면 전국에서 찾아옵니까?"

"우리 공화국에는 각 지방마다 아동병원이 있어서 모두 해당병원에서 치료를 받습니다. 그러나 각 지역에서 이곳으로 찾아오는 어린이 응급환자나 중환자가 간혹 있습니다. 현재 입원한 어린이들 중에도 지방과 외딴 섬에서 찾아온 아이들이 더러 있습니다."

"선생님은 아이들을 좋아해서 소아과 의사가 되신 건가요?"

"물론입니다. 저는 원래부터 아이들을 몹시 좋아합니다. 아이들에 대한 사랑과 더불어 조국의 미래에 대한 의무감으로 이 일을 정성으로 하고 있습니다."

"어린 환자를 상대하려면 많은 어려움이 있을 텐데, 선생님은 아이들을 다루는 어떤 비결이라도 있습니까?"

"비결이 뭐 따로 있겠습니까? 그저 모든 아이들을 내 아이처럼

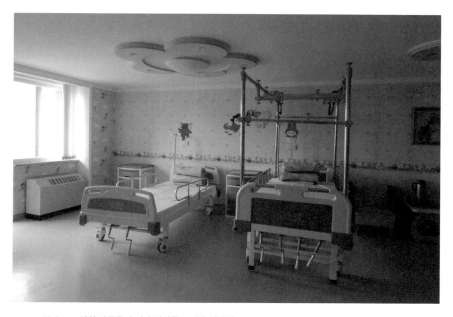

13.2____ 입원 아동들의 심리 정서를 고려한 입원실.

대하면 되지 않습니까? 아이들은 울면서 진료실에 들어왔다가 거의
모두 웃으면서 나갑니다. 어린이 환자들 모두가 의사들을 부모처럼
여기고, 병원을 놀이터처럼 편하게 생각합니다."

입원실은 침대가 7개 정도 들어가도 될 만큼 면적이 매우 넓었다.
그런데도 한 아이가 울면 다른 아이들이 덩달아 따라 울 수 있다는
점을 고려해 침대 3, 4개만 비치했다고 한다. 환자에 따라 질병의
특성에 맞는 특수 침대와 부속기구들이 구비되어 있었다. 입원중인
아이들은 병원 규칙에 맞추어 텔레비전에서 방영되는 어린이 전용
만화영화나 프로그램, 또는 병원에서 틀어주는 어린이 비디오를
시청하고 있었다.

밍크 담요에 싸여 구급차에
실려 온 어린이 환자

병원 3층에 당도하니 종합수술실이 보였다. 모든 수술은 이곳에서
집도된다고 한다. 수술실 밖에서는 부모들이 가슴 졸이며 수술이
잘되기를 지켜보고 있었다. 부모의 심정은 어디라도 마찬가지였다.

여러 군데 진료실을 둘러보다가 대열에서 이탈해 무례한 행동임에도
불구하고 즉흥적으로 어느 진료실을 노크하고 들어가 봤다. 밝고 환한
다른 진료실과는 달리 사람의 형체를 겨우 알아볼 수 있을 정도의
어두컴컴한 상태에서 환자를 진료하고 있었다. 깜짝 놀란 나는

의아해하며 그 이유를 물었다.

진료를 받고 있는 세 살 된 어린이 환자가 환한 전등 빛을 보면 불편해하며 울음보를 터뜨리는 증상을 보인다고 했다. 불빛에 눈이 부시면 칭얼대고 보채는 특이현상을 보여 집에서도 방안을 항상 어둡게 한다는 것이다. 환자를 배려해 실내 전등을 소등하고 희미한 어둠 속에서 진료하는 여성 의사의 마음씨가 살가웠다.

옥류아동병원에서는 6세 미만 어린이 환자의 어머니는 반드시 아이와 함께 입원해야 한다. 부모로 인한 안정감 덕분에 아이들이 좀 더 빨리 회복할 수 있도록 하기 위해서다. 또한 6세 미만의 환자들에게는 입원실에서도 가급적 환자복을 입히지 않고 평상복을 입혔다. 오히려 보호자인 어머니들이 환자복을 입도록 했다. 어린이 환자들에게 심리적 안정감을 주기 위한 의학적 배려였다. 입원해 있는 어린이 환자의 숫자는 대략 200명 남짓이었다.

장기 입원 병동에 들어서니 마찬가지로 밝고 환한 병실에 텔레비전과 부대시설들을 골고루 갖추고 있었다. 어린이 영화를 시청하느라 정신이 없는 남자아이를 돌보고 있던 어느 어머니는 자신의 아들이 수술을 받고 장기입원하게 돼서 자신도 함께 입원하게 되었다며, 이처럼 시설이 좋은 곳에 입원하게 되었을 뿐 아니라 무엇보다 아들이 몹시 좋아한다고 만족해하였다.

한 달 미만 단기 입원의 경우에는 부모나 가족들이 매주 일요일에만 병원으로 면회를 온다고 한다. 평일에는 부모를 대신해서 병원의 의사와 간호사, 봉사원, 교사 들이 돌봐준다.

병원 내부를 오르락내리락하며 여기저기 견학하는데 갑자기 복도 저만치서 사람들이 웅성거리는 소리가 났다. 가까이 가보니 구급차로

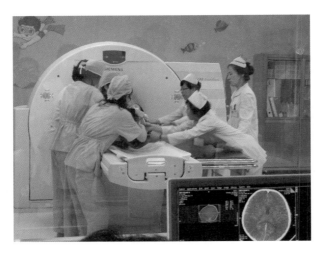

13.3___ 밍크 담요에 싸여 실려 온 응급 환자 어린이를 정밀 검사하고 있다.

후송된 4, 5세 되어 보이는 남자 어린이가 빨간 밍크 담요에 싸여 이동 중이었다. 나도 모르게 얼떨결에 따라가 보았다.

일행이 도착한 방은 MRI, CT 촬영기, 다목적 X선 촬영기 등이 구비된 정밀 검사실이었다. 아이는 의사와 간호사들에 둘러싸여 CT와 MRI를 연달아 촬영하며 검사를 받기 시작하였다. 의료진들이 체계적으로 움직이며 응급치료를 진행하는 것을 보니 안심은 되었으나, 아이가 어디가 아파서 왔는지 못내 걱정되었다. 얼마나 급했으면 담요에 둘러싸여 실려 왔을까 생각하며 걱정스런 마음으로 발길을 돌렸다.

입원 중에도
병원 교실에서 학교 공부를

옥류아동병원의 특징 중의 하나는 1개월 이상 장기 입원한 어린이 환자를 위해 병원 내에서 학교를 운영한다는 사실이다. 초등중학교실(중학교 과정), 소학교실(초등학교 과정), 유치원 교양실(유치원 과정)이 설치되어 있다. 담당 교원들이 상주하며 어린이 환자들이 다니는 학교의 진도에 맞게 가르치고 있었다.

장기 입원한 아동들은 자신들이 다니는 학교에서 사용하는 교과서를 가지고 공부해야 친구들에게 뒤처지지 않는다. 담당 교원들은 마치 가정교사처럼 일대일로 학생들을 정성껏 가르치고 있었다. 입원 중에도 학교 친구들과 동일하게 진도를 맞출 수 있도록 배려한다는 사실이 새로웠다.

우리는 물리치료실 겸 재활치료실이라고 할 수 있는 '회복치료실'에 도착했다. 옥류아동병원의 의사들은 모두 왼쪽 가슴에 명찰을 달고 있었다. 명찰에는 적십자 마크에 '정성'이라는 글자가 들어 있고, 그 밑에 소속 전문과와 이름이 적혀 있었다.

이곳은 크게 두 부분으로 이루어져 있었다. 하나는 물리치료 기구를 활용해 회복 훈련을 하는 곳이고, 다른 하나는 자세교정 훈련을 하는 곳이었다.

담당의사가 "이제 팔 올려보라요!" 하니 유치원 연령의 여자 어린이가 팔 하나를 거뜬하게 들어 올린다. 다리를 다친 남학생 환자는 "다리를 펼쳐보라요!" 하는 소리에 무용수가 다리를 스트레칭하듯 가랑이를 쫙

벌려주었다. 함께 지켜보는 환자의 보호자들은 엄청난 회복세라며 이구동성으로 칭찬해주었다.

자세를 교정하는 어린이 환자들은 몸의 수평과 균형 조절을 위해 한 가지 자세를 한 시간 동안 계속 유지하는 훈련을 반복하고 있었다. 마치 학처럼 다리 하나를 들고 있기도 하고, 가부좌 자세를 내내 유지하려 애쓰기도 했다. 아이들의 진지한 표정에 웃음이 터져나와 참느라 혼났다.

먼거리 의료봉사실

마지막으로 들른 곳은 '장거리 원격진료실'이었다. '먼거리 의료봉사실 (Okryu Children's Hospital, Telemedicine Service Room)'이라는 간판이 붙어 있었다.

전국의 각 지역 병원들과 인터넷 네트워크(인트라넷)로 연결하여 지방 환자의 담당 의료진과 함께 수술 대상 환자나 진료 대상 환자들을 직접 출연시켜가며 화상 진료를 하는 곳이다. 뿐만 아니라 의료진들끼리 화상 회의를 갖기도 한다. 중앙병원과 지방병원들이 상부상조하며 환자들을 공동 치료하는 특수 시설이었다.

옥류아동병원은 2013년 개원과 동시에 원격진료제도를 시작하였다. 평양산원이나 평양산원 부설 유선종양연구소를 비롯한 첨단 병원들은 2008년경부터 장거리 화상 원격진료제도를 왕성하게 시행 중에 있다고 한다.

나는 함경남도 어느 군 단위의 인민병원 의료진과 화상대화를

시도해보았다. 상대는 여성 의사였다. 상대 의사에게 촬영 허락을 받고
서로 인사를 나눈 후에 그 병원의 역사와 시설 그리고 지역 특성에 관한
이야기를 주고받았다. 그 병원은 70개의 병상을 갖추고 있으며, 의사가
50명, 간호사가 15명 규모였다. 화상진료 시스템이 마냥 신기하기만 했다.

13.4___'옥류아동병원'
내 임시교실에서
입원기간 중에 못 다한
과정을 배우고 있는
어린이 환자들.
교원 1인당 2명의 환자
학생을 가르친다고 한다.

　　원격진료제도가 시행되면서 가장 도움을 받는 곳은 의료시설이
상대적으로 뒤떨어진 지역병원들이다. 산간벽지에 거주하는 인민들도
큰 혜택을 받게 되었다고 한다.
　　최근 들어 이북은 라선시 같은 경제특구 지역은 물론이고 청진,
원산을 비롯한 전국 곳곳에 아동병원 등을 신축하는 사업을 왕성하게
추진하고 있다. 어린이와 청소년들의 의료 서비스를 개선하는 일은 매우
고무적인 일이라고 생각된다.

13.5____ 이북 어린이들이
가지고 노는 의사놀이 장난감.
이북은 1970년대에 인구 대비 의사,
간호원, 의료시설, 침대 수에서
세계적으로 가장 앞선 나라의
대열에 들었다.

14.
평양시 육아원에서
세쌍둥이들을
만나다

세쌍둥이 전문 평양 육아원

평양 시내 한복판에 자리 잡은 평양시 육아원을 참관하였다.
육아원은 평양산원을 퇴원한 갓난아이부터 유치원에 입학하기 직전
연령인 다섯 살까지의 고아들과 다태자 쌍둥이들(세쌍둥이 이상)을
양육하는 시설이다.

육아원 정문에 들어서니 원장 일행이 달려 나와 반갑게
맞이해주었다. 아이들을 좋아하는 나는 원장의 안내로 내부 곳곳을
둘러보며 평양 체류 중 가장 즐거운 시간을 보낼 수 있었다.

양해를 먼저 구한 다음 주방과 조리실에 들어가 보았다. 벽에 걸린
식단을 살펴보니 원아들에게 하루 4번의 식사와 2번의 간식이
제공되고 있었다. 육식과 채식이 골고루 섞여 있었다. 식단 메뉴는
1주일 단위로 교체된다고 한다.

식재료들은 모두 신선했으며, 위생적으로 관리되고 있었다. 시설이
그리 고급스럽지는 않지만, 전반적으로 청결했다. 밥은 전기를 이용한
대형 특수 밥솥에서 스팀으로 쌀을 찌는 방식이었다.

부모가 담당할 수고를 국가가 책임지다

주방을 나와 아이들이 기거하는 방을 둘러보았다. 갓난아기들이
침대에 누워 있고, 침대 옆에는 보육원들이 지켜 서서 아이들을 돌보고
있었다. 그보다 큰 아이들은 서로 다른 프로그램을 즐기고 있었다.
연령에 맞는 다양한 프로그램이 진행된다고 한다.

발육 상태가 좋아서인지 아이들 모두 살이 통통하게 올랐고 뽀얀
얼굴을 하고 있었다. 외부 손님을 맞이하기 위해 색동옷을 입혔는지는
몰라도, 아이들이 입고 있는 조선 의복(한복)을 보니 나의 유년 시절이
생각났다.

각 방은 저마다 놀이시설, 각종 장난감, 지능 개발에 필요한
유아용품들로 특색 있게 꾸며져 있었다. 애기젖가루(분유), 젖산균영양가루,
종합비타민 등을 보관한 창고와 간식을 보관한 창고에는 물건이 가득
쌓여 있었다.

이곳에는 세쌍둥이 7쌍(21명)이 머물고 있었다. 나의 관심사는
자연스레 세쌍둥이들에게로 쏠렸다.

"세쌍둥이들은 평양산원 의사들이 뱃속에 있을 때부터 태어날 때까지

14.1___ 육아원 아이들이 율동 수업을 받고 있다.

담당하며, 출생 후 4개월부터 만 4살까지는 평양의대 의사들과 소아과
전문 의사들이 돌봅니다. 1살까지는 1주일에 한 번 정기검진을 하고,
4살까지는 한 달에 한 번 정기검진을 받습니다. 5살이 되면 양육원을
졸업하고 유치원에 들어가는데, 분기에 한 번 꼴로 건강검진을
갖습니다."

"생각했던 것보다 제도가 잘되어 있네요."

"그렇습니다. 이를테면 부모들은 세쌍둥이들을 뱃속으로 낳기만
했지 손에 물 한 번 안 묻히고 나라에서 아이들을 고스란히 키워주는
것을 꿈만 같이 여기며 감동하고 있습니다."

원장은 다둥이 부모들이 찾아올 때마다 자신들도 모르는 사이에
훌쩍 자라난 아이들을 보며 만족해한다고 전해주었다.

이사 갈 꿈에 부풀어 있는
육아원 식구들

　시설을 한 바퀴 둘러 본 다음 김정희 원장은 우리를 자신의
집무실로 안내하였다. 올해 52살로 공훈보육원인 김원장은 매우
지적이고 온화하였다. 보육사가 동석한 가운데 차를 마시며 담소를
나누었다.

14.2___ 세쌍둥이
남아들인 방백호-두호
-산호와 함께.

　"세쌍둥이 아이들의 모습이 참 밝고 어여쁩니다. 모두 곱게 자라고
있어 보기가 좋습니다."
　"이곳에는 3명의 보육원을 비롯해서 세쌍둥이 담당의사, 간호사,
취사원, 세탁공까지 배정되어 있습니다. 지금 저희들은 새로 짓고 있는
평양시 육아원, 애육원 건물로 이사 갈 꿈에 한껏 부풀어 있습니다."

"언제 이사를 갈 계획이신가요?"

"올 련말(연말)입니다."

평양시 육아원은 2014년 11월 평양시 애육원과 함께 대동강변에 새로 지은 초현대식 건물로 이전하였다.

"그런데 세쌍둥이들은 왜 자기들 부모와 살지 않고 여기서 살고 있나요? 아무리 키우기 힘들어도 아이들은 부모의 품에서 살아야 하는 거 아닌가요?"

"만인들의 축복 속에 세쌍둥이, 네쌍둥이들이 태어나면 우리나라는 기본적으로 평양산원에서 의료진들의 보호를 받으며 안전하게 4개월을 보내도록 한단 말입니다. 그리고 넉 달이 지나면 자기 집으로 가는 것이 아니라, 부모가 살고 있는 평양시나 각 도에 있는 육아원으로 갑니다."

"아, 그래요."

"세쌍둥이 아이들의 부모들 중에는 여러 가지 사정 때문에 아이들을 양육할 수 없는 경우가 많습니다. 가령 이혼을 한다거나, 부모가 건강치 못해 몸이 아프다거나, 혹은 사고를 당하거나, 피치 못할 사정 때문에 양육이 힘든 경우도 많단 말입니다. 그런 형편들을 국가에서 배려한 것입니다."

"그럼 평양산원에서 퇴원한 산모는 어디로 갑니까?"

"넉 달을 몸조리하며 아이들과 정을 나눈 산모는 고향집으로 돌아가 원래대로 생활을 하며, 일주일에 한 번이든 언제든지 자기 아이들을 만나러 양육원을 방문하여 자녀들이 성장하는 모습을 지켜봅니다.

우리 평양 육아원과 각 지역 육아원에서는 세쌍둥이들이나
다산둥이들을 5살까지 키워서 집으로 돌려보냅니다."

"쌍둥이들이나 부모의 입장에서 볼 때 의료 혜택과 교육적 측면에서
이곳 양육원에 맡기는 것이 아주 큰 도움이 되겠군요."

"그렇습니다. 예로부터 자식 하나 키우는 데 오만 공수가 든다고
하는데, 하물며 단번에 한 명도 아니고 셋, 넷이나 되는 어린아이들을
낳은 어머니들은 장차 자식을 키우는 데 얼마나 많은 품을 들여야
하겠습니까? 그래서 우리나라에서는 세쌍둥이가 태어나면 복덩이로
떠받들며 국가가 관심을 갖고 돌보는 것입니다."

다태자들에게
출생 일련번호를 정해주다

원장의 말에 의하면 우리가 평양 육아원을 방문한 날 평양산원에서
444번째의 세쌍둥이가 태어났다고 한다. 세쌍둥이만이 아니라 '다태자'
를 모두 포함한 숫자이다. 다태자는 두쌍둥이를 제외한 세쌍둥이
이상을 말한다.

북에서 유독 세쌍둥이가 많이 태어나는 이유가 무엇인지
궁금하였다. 다태자들에게 출생 일련번호를 정해주는 제도는 이미
1948년부터 시작되었다고 한다. 다태자의 거의 다수를 차지하는 것은
세쌍둥이다. 하지만 네쌍둥이와 다섯쌍둥이는 물론 드물게는

여섯쌍둥이도 있다. 북에서는 해마다 7쌍 남짓 세쌍둥이가 태어났다.

원장에게서 특별한 소식 한 가지를 듣게 되었다. 2012년 3월 19일 아침에 평양산원에서 415번째 세쌍둥이가 태어났는데, 당시 이 아이들의 출생에 각별한 의미를 부여하며 열광했다고 한다. 아들 1명과 딸 2명인 이 세쌍둥이 아이들의 이야기는 일반 주민들에게도 널리 회자되었다. 그 이유는 김일성 주석의 탄생 100돌이 되는 2012년 4월 15일을 바로 앞둔 시기에 415번째 세쌍둥이가 태어났기 때문이다.

이곳 육아원 입구 헌화대에는 세쌍둥이 아들들인 방백호-방두호-방산호의 출생을 축하하기 위해 당에서 보낸 축하화환이 놓여 있었다. 아이들 이름 속에는 모두 '백두산 호랑이'라는 명칭이 사용되었다. '백두산 호랑이처럼 기백 있게 살라' 혹은 '백두혈통을 위해 충성하라'는 의미로 읽혔다.

세쌍둥이와 부모에게
하사하는 '은장도와 금반지'

가장 궁금한 것 가운데 하나는 국가에서 세쌍둥이들에게 하사한다는 은장도와 금반지 선물이었다. 다행히 원장과 보육교사는 그 내용을 잘 알고 있었다.

김일성 주석은 "세쌍둥이가 태어나면 나라가 흥할 징조입니다"라며 세쌍둥이를 위한 특별관리를 지시했다고 한다. 그러던 중 1983년 5월

세쌍둥이가 태어났다. 보고를 받은 김주석은 아이들에게 선물을
보내라는 지시를 내렸다.

"수령님의 의중을 파악하신 장군님은 만수대창작사 창작가들로
하여금 기념품을 도안하도록 하셨습니다. 그들이 종내 신통한 안을
찾아내지 못하고 모대기고만 있다가 내놓은 도안의 대부분은 손목시계
종류였답니다. 그러던 어느 날 이 사실을 보고 받으신 장군님께서
그동안 자신이 홀로 생각하신 은장도와 금반지 안을 내놓으셨습니다."

"그럼, 김정일 국방위원장님의 아이디어로군요."

"그렇습니다. 아기들에게 줄 기념품 견본을 만들도록 구체적인
과업을 주셨고, 제작에 필요한 금, 은, 보석 자재를 보장받도록 대책을
세워주셨습니다. 그해 10월에 창작사에서 만든 은장도와 금반지
견본품을 보시고 잘 만들었다고 치하해주셨고, 이때부터
세쌍둥이들에게 내려주실 은장도와 금반지가 만들어지게 된
것입니다."

세쌍둥이 가운데 남자 아이에게는 은장도가, 여자 아이에게는
금반지가 수여된다. 그리고 은장도와 금반지에 생일을 새겨 넣되, 혹시
피치 못할 사정으로 헤어졌다가 나중에 다시 만나도 자기 형제를
확인할 수 있도록, 3개를 모두 합쳐야 전체 출생 연월일을 알 수 있도록
했다.

첫째에게 수여되는 은장도의 칼날에는 출생 연도, 둘째의
은장도에는 출생 월, 셋째의 은장도에는 출생 일자가 각각 새겨진다.
그리고 세 아이 모두의 칼집 한쪽 면에는 출생 연월일이 새겨져 있다.

은장도를 보면 세쌍둥이의 생년월일과 그가 몇째라는 사실을 바로 알 수 있게 한 것이다. 금반지에도 은장도와 같은 형식으로 아이들의 출생 연월일이 뒷면에 차례로 새겨져 있고, 금반지 한가운데 세쌍둥이를 상징하는 세 개의 홍보석이 박혀 있다.

"우리 장군님께서는 세쌍둥이를 낳은 부모에게도 그 노고를 생각하시며 은장도와 금반지를 함께 주도록 하시며, 아버지에게는 은장도를, 어머니에게는 금반지를 안겨주시었습니다."

주인공인 아이들뿐 아니라 낳은 부모에게도 선물을 하사한다는 이야기를 듣고 나니 젊은 부부들은 세쌍둥이 출산에 도전해볼 만하다는 생각이 들었다.

산모를 위한 보약과
몸보신 재료

세쌍둥이뿐 아니라 일반 신생아들에게도 아기들의 건강을 위해 '어린이인공영양젖(두유)'과 '애기젖가루(분유)'를 공급해준다.

김정일 국방위원장처럼 김정은 위원장도 인민들이 보내준 약재들을 모아놨다가 다산한 산모들의 건강을 위해 평양산원으로 보내준다고 한다. 석청과 산꿀, 곰열 등 구하기 힘든 약재들이 대부분이다.

"곰열이 뭡니까?"

"아, 네. 곰열은 곰의 쓸개가루(웅담가루)를 말합니다. 예로부터 동물

쓸개는 산모들에게 좋은 보신재로 사용됐는데, 특히 중국 장백산 흑곰열이나 멧돼지열, 고슴도치열 등이 좋습니다. 옛날에는 이런 것들을 구해서 산모가 복용하거나 술을 담가 마시기도 했습니다. 처음 모유를 먹이는 산모들은 혹시 젖에서 쓴맛이 갈까봐 조심스러워하기도 합니다. 젖이 쓰겁다구(쓰다고) 애기가 젖을 안 먹으면 큰일이지요."

"저는 처음 듣는 이야깁니다."

"이런 쓸개들은 산모가 100일이 넘기 전 석 달 내에 먹어야 효과를 보는데, 이처럼 쉽게 구할 수 없는 귀중한 약재를 장군님께서는 살아생전에 지속적으로 보내주셨습니다. 귀중한 금은보화도 아끼지 않으시는 장군님을 따라 김정은 원수님도 우리 아이들을 애지중지 사랑의 손길로 보살펴주시면서 현재 세쌍둥이 산모들에게 몸에 좋다는 칠색송어탕, 칠색송어찜, 칠색송어기름구이 등 각종 송어요리들을 충분하게 먹도록 조치해주시고 계십니다."

이처럼 북에서는 세쌍둥이나 다태자들을 낳게 되면 주위 사람들이 부러워할 만큼 국가에서 특급대우를 해준다.

"우리 공화국에서는 세쌍둥이, 네쌍둥이들이 양육원을 나와도 그 가정에 주택과 식량은 물론 필요한 부식물을 충분히 제공하며 담당의사까지 지정해서 부모들의 양육을 지속적으로 도와주고 있습니다. 세쌍둥이는 이곳 평양시에만 있는 것이 아니라, 우리 공화국의 여러 각 시도 지역에도 있단 말입니다. 그러면 출생 지역의 군당과 군인민위원회에서 갑자기 식구들이 늘어났으니 주거 생활에 불편함이 없도록 살림집까지 관심을 갖는 것입니다."

하늘에는 직승기,
땅에는 특별 승용차

평양산원을 방문했을 때 확인한 바로는 평양산원에는 세쌍둥이만
전담하는 '삼태자과(三胎子科)', 일명 '세쌍둥이 전문담당과'가 따로
있었다. 그 사실이 갑자기 기억나서 원장에게 물었다.

"예전 세월에도 세쌍둥이들은 태어났지만, 그 당시는 의학이
발달하지 못해 아이들이 모두 살아남는 확률이 매우 낮았습니다.
그러나 이제는 칠삭둥이, 팔삭둥이로 태어난 아이들도 평양산원의
수준 높은 의학 기술을 동원하여 몸무게와 키가 정상적인 아이들의
기준치를 넘어설 때까지 보살피고 있습니다."

"아, 그렇군요."

"그뿐 아니라 평양산원은 퇴원하는 일반 산모들을 위해 무료 승용차
서비스를 실시하고 있습니다."

산모 전용 무료 승용차 이야기를 듣는 순간, 세쌍둥이를 출산할 때
헬리콥터를 활용한다는 이야기가 떠올랐다.

"혹시 세쌍둥이를 출산할 때 직승기(헬리콥터)가 뜨는 것이
맞습니까?"

"그렇습니다. 일단 세쌍둥이 임신 사실이 확인된 임산부들은 출산
전부터 안전하게 평양산원에 입원시켜 전담 의료진이 특별관리하게
됩니다. 그러나 특별한 경우나 피치 못할 사정으로 섬 마을과
산간지역에 거주하는 세쌍둥이 임산부에게서 긴급한 산통 소식이

14.3____ 평양 미래과학자 거리의 유치원 교실.

알려지면, 비행장에 대기 중인 직승기가 신속히 날아가 태우고 옵니다."

　평양산원 관계자를 만났을 때 직승기를 구경할 수 없느냐고
물었더니, 평양비행장에 항상 대기 중이라고 했다. 이번에 출국하면서
평양 순안공항에서 셔틀버스를 타고 고려항공 여객기에 탑승하기 위해
활주로를 달리던 중 흰색 고급 직승기 한 대가 활주로 인근에 대기
중인 모습을 볼 수 있었다. 셔틀버스가 이동하는 도중에 직승기를
발견한 나는 황급히 사진 한 장을 찍고 나서 셔틀버스 운전기사와
여성 안내원에게 물어보니, 그 비행기가 맞다고 확인해주었다.

　마음껏 뛰어놀던 아이들이 나를 향해 매달리고 안기던 모습이 계속
눈에 아른거린다.

15.

평양산원
유선종양연구소를
가다

평양산원 부설
유방암 치료센터

2014년 4월 대동강변에 위치한 평양산원을 방문했다. 평양산원 본관 왼편에 건설된 유선종양연구소를 참관하기 위해서였다. 연구소는 유방암 환자들을 치료하는 종합 메디컬센터이다.

유선종양연구소 부소장 일행이 우리를 따뜻하게 맞이해주었다. 내부로 입장하려면 덧신을 신고 입장해야 했다. 현관에 설치된 자동 덧신기계에 발을 집어넣으니 비닐 덧신이 씌어졌다. 중앙 홀의 디자인은 심플하면서도 럭셔리한 분위기를 풍겼다. 여성들의 미감을 고려한 대리석 인테리어가 마치 호텔 같은 느낌을 주었다.

부소장 일행은 우리 일행에게 위생 가운을 입도록 조치한 후 접견실로 인도했다. 접견실에 놓인 대형 텔레비전에서 평양산원과 유선종양연구소의 홍보영상물이 방영되고 있었다. 시청을 마친 후 음료를 마시며 부소장과 대화를 나누었다.

"우리 공화국의 인민들은 성별, 나이, 직업, 거주지에 관계없이 모든 의료봉사를 무상으로 제공 받고 있으며, 특히 여성들의 건강은 국가가 특별히 돌봐주고 있습니다."

"아, 그 부분은 평양 제3인민병원을 방문했을 때 자세히 들었습니다."

"평양산원부터 농어촌에 있는 리 단위 인민병원에 이르기까지 여성들을 위한 보건망이 조직되어 있습니다. 의사 담당구역제가 더욱 강화 발전되고 있으며, 의사가 환자를 찾아가는 모습이 곳곳에서 펼쳐지고 있습니다."

부소장의 말처럼 북의 의사와 간호사들은 다른 나라의 의료진들과는 사뭇 다르다. 가장 큰 특징 중의 하나는 예방의학이다. 질병이 발생하기 전에 의사와 간호사들이 자신들의 담당구역을 찾아가 주민들의 건강 실태를 점검하고 예방주사를 놓는 등 필요한 조치를 취한다. 정기 검진하는 날에 피치 못할 사정으로 주민이 병원을 찾지 못하면 직접 방문하여 진료해준다고 한다.

"우리나라는 무상치료제를 원만히 보장할 수 있는 의료봉사체계와 기술적 토대를 갖추었을 뿐 아니라, 전국의 모든 아이들은 태어나기 전부터 '어린이보육 교양법'에 의해 담당의사의 보호를 받습니다."

접견실을 나오면서 한 개에 5달러씩 지불하고 홍보 DVD 서너 개를 구입하였다.

15.1___ 평양산원은 이북을 대표하는 여성 병원이다.

60만 유로가
넘는 고가 장비

유선종양연구소는 평양산원의 부설기관으로 설립되었다. 김정일 국방위원장이 2011년 11월 평양산원에 유선종양연구소를 건설할 것을 지시한 후, 이듬해 2월 착공하여 10월에 준공했다고 한다. 8개월 만에 속전속결로 지은 것이다.

15.2_____ 유선종양연구소 부소장이 다목적 뢴트겐 장비에서 검사 받는 환자의 모습을 설명하고 있다.

현관에 부착된 유선종양연구소 안내판에는 북에 거주하는 여성은
기혼이든 미혼이든 누구나 유방암을 진단받고 치료할 수 있다고
기록되어 있다. 대기실에 앉아 순번을 기다리는 여성에게 어디서
왔는지를 물으니, "황해도 해주에서 왔다"고 답변하였다. 평양까지 꽤나
먼 거리인데 해주지역에 있는 일반병원을 제쳐두고 특별진단을 받으려고
달려온 것이다.

유방암은 현대 여성들이 가장 많이 걸리는 암이다. 세계보건기구의
자료에 따르면 2008년도 이북의 암 환자는 모두 37,000명이다. 그
가운데 여성이 22,000명으로 남성보다 훨씬 많은데, 그중 유방암 환자가
1위였다. 이런 통계를 볼 때 국가 차원에서 유방암 연구와 치료에 관심을

갖는 것은 의미 있는 일이라고 생각되었다.

암 진단 장비는 고가 제품이 많다. 서구 국가의 일반 병원에서도 첨단 장비를 제대로 구비하기 쉽지 않다. 또한 이런 장비를 이용하기 위해서는 으레 비싼 검사비를 내야 한다.

놀랍게도 유선종양연구소에는 최고급 장비들이 즐비했다. 각 방마다 각종 첨단 제품으로 채워져 있었다. CT촬영기나 다목적 뢴트겐 장비는 구입비용이 50~60만 유로나 된다는데, 그 같은 비용을 어떻게 충당했는지 궁금했다.

1층은 크게 세 파트로 구성되어 있었다. 첫째, 외래접수 및 진찰, 둘째, 외래검사 및 치료, 셋째, 화상 진단. 1층에서 가장 눈에 띄는 검사실은 '다목적 뢴트겐 검사실'이었다. 인체의 모든 부분을 다 검사할 수 있는데, 혈관 종양이나 척수 종양도 검사할 수 있다고 한다.

다목적 뢴트겐은 유방암 예방 치료나 혈관 조영 촬영을 하는 데 필요한 설비로서, 척추를 비롯해 뼈에 전이된 부위를 검사하는 데도 활용된다고 한다. CT검사실에 들어가 보니 단 몇 초 만에 전신 촬영이 가능해, 유방암의 진행 경과와 다른 장기에 전이된 상황을 쉽사리 판별할 수 있었다.

'유선촬영기'는 유선 질병을 진단하는 데 가장 많이 이용하는 전용 촬영 설비이다. 손으로 만져지지 않는 미세한 종양 덩어리도 조기 발견할 수 있으며, 유선암에 대한 확진율을 높여준다. '유관내시경'은 만져지지 않는 유관 내의 환부를 잘 찾아내는 장비이다. 유선조직절제기는 유선암 진단에 필요한 조직을 채취하는 데 이용하는데, 여성들의 예민한 부위가 미용 측면에서 훼손되지 않도록 하면서도 정확도는 거의 100%에 달한다고 한다. 초음파실에도 초음파 진단기와 심전도 측정기 등의 장비가 갖추어져 있었다.

서양에서도 평범한 시민들은 비용 부담 때문에 고가 장비를 활용한 검사를 기피하곤 한다. 그런데 북에서 평범한 여성 누구라도 무상으로 검사와 치료를 받을 수 있다니 무척 신기했다. 우리를 안내하던 부소장은 "이 세상에 우리나라 여성들처럼 행복한 여성들이 또 어디 있겠습니까? 우리나라 여성들은 이 세상에서 가장 복 받은 여성들입니다!!"라는 말을 연거푸 반복했다.

우리 일행은 2층으로 올라갔다. 2층에는 입원실과 치료실이 자리하고 있었다.

"면회실은 녹색과 노란색 등 은은하고 밝은 색상들의 의자(소파)를 비치해서 환자와 가족들이 병원이 아니라 친정집에 온 것처럼 느끼도록 아늑하게 꾸몄습니다. 또한 입원실에는 온돌방을 좋아하는 조선인들의 문화에 따라 환자들이 전기 난방으로 따뜻하게 데워진 바닥과 침대에서 편히 쉴 수 있도록 하였습니다."

입원실을 담당하는 과장이 설명해주었다.

우리는 4층으로 올라가기에 앞서 잠시 휴식을 취해야 했다. 4층은 종합치료실과 집중치료실이 있기 때문에 외부인이 함부로 입장할 수 없는 곳이다. 연구소 측은 잠시 동안의 논의를 거쳐 참관을 허용하였다. 우리는 철저한 위생을 위해 좀 더 복잡한 위생복으로 갈아입었다. 그리고 4층으로 올라가 설명을 들었다.

"이곳 4층에는 종합치료실과 집중치료실이 위치해 있으며, 철저히
외부와 차단되어 있어 환자에게 최고의 위생 안전지대입니다. 또한
3중으로 차단한 무균실과 각종 무균 설비와 도구들을 골고루 갖추고
있습니다."

유방암 환자들을 위한 신약 개발

우리는 참관을 마치고 원탁 회의실에 들러 잠시 연구소의 일꾼들과
담소를 나누었다. 이때 들은 이야기 가운데 하나다.

어느 날 김일성종합대학 의과대 연구원 한 사람이 "암성 질환에
대한 예방치료사업에 큰 힘을 넣어야 하겠습니다"라는 김정일
국방위원장의 교시를 받고, 유선암을 비롯한 암 환자들이 당하는 뼈의
통증을 해결해주고 암세포의 뼈 전이를 효과적으로 치료할 수 있는
약품 개발에 착수했다고 한다.

매우 높은 수준의 기술을 요구하는 것이라서 연구원은 수없이
실패를 거듭했다. 그러나 그는 포기하지 않고 세계 약학기술의
최첨단이라고 할 수 있는 '뼈대사부활제' 연구에 매진한 끝에 마침내
'졸레드론산'이라는 치료약품을 개발했다.

부소장은 연구소 건물이 단기간에 완공된 사연도 곁들여 주었다.

"우리 군인 건설자들은 기초 굴착 공사를 단 며칠 동안에 끝낸데
이어 공사를 8개월 만에 결속하는 자랑찬 위훈을 세웠으며, 휘틀

(콘크리트 구조물을 만들기 위한 형틀)에 의한 미끄럼식 기둥시공방법 등 혁신적이고 대담한 공법들을 수십 건이나 창안하였습니다. 또한 원통식 모래선별기를 비롯한 설비들도 자체 제작하여 공사 속도를 확실히 보장하였으며, 모든 공사를 불이 번쩍 나게 진행하였습니다."

북은 이미 1970년대에 인구 1만 명당 의사, 간호원, 의료시설, 침대 수에서 세계적으로 가장 앞선 나라의 대열에 들었다. 1980년대 중반부터는 선진국과 마찬가지로 '어린이와 여성에 대한 의료봉사망'을 비롯해 '고려의료봉사망', '구강의료봉사망' 등 여러 가지 전문 의료봉사망이 구비되어 의료 혜택을 베풀고 있다.

최근에는 근로자들 가운데 휴식이 필요하거나 건강에 문제가 있는 사람은 전국의 이름난 온천지대와 요양소 등에서 온천 치료와 감탕 치료를 받으며 건강을 회복할 수 있도록 뒷받침하고 있다고 한다. 중앙병원에서 각 지방 인민병원을 연결하는 장거리 원격 의료봉사체계도 정착되어가고 있다.

하지만 유선종양연구소를 참관하고 떠나면서 한 가지 아쉬운 생각이 들었다. 그것은 다름 아닌 많은 남성들이 고통 받고 있는 폐암 전문 연구소가 아직 북에 없다는 점이었다.

16.　　　　　고려의학과학원을
　　　　　　　　가다

조용기심장병원과
이웃하고 있는 고려의학과학원

　2014년 어느 따사로운 봄날, 평양시 대동강구역에 위치한 '고려의학
(한의학)과학원'을 방문했다. 평양 인민대학습당처럼 북 고유의 전통건축
양식으로 지어진 두 동의 본관 건물이 위용을 뽐내고 있었다.
고려의학의 메카다웠다.

　담벼락 너머 주변에는 '김만유병원', '조용기심장병원' 등 유명 병원이
늘어서 있었다. 북측 동포들은 이 대로변을 '평양산원거리'라고 불렀다.
특히 고려의학과학원과 조용기심장병원은 담장 하나 사이로 이웃하고
있었다.

　조용기심장병원은 아동 심장 전문 병원인데, 5·24대북조치가
취해지면서 공사가 무기한 중단되었다고 한다. 엎친 데 덮친 격으로

조용기심장병원의 건축준비위원장을 맡고 있던 서울의 어느 장로가 운영하던 건설회사가 부도나는 바람에, 지금은 완전히 건축이 중단되어 외형 골조가 흉물스런 모습을 하고 있었다. 청사진 안내판을 물끄러미 바라보니 한숨만 나왔다.

아무튼 엄청난 규모의 고려의학과학원 건물을 짓게 된 계기를 알아보니 일본 조총련계 사업가와 경제인들이 발 벗고 나서 전폭적인 지원을 했기 때문이다. 국가에서 운영하는 국립연구소의 형태로 운영되고 있다. 초창기에는 '동의과학원'이었으나, '동의학'이 '고려의학'으로 바뀌면서 '고려의학과학원'으로 개명되었다고 한다.

고려의학과학원에는 크게 두 종류의 기관이 들어서 있다. 하나는 고려의학(한방)으로 환자를 치료하는 '고려전문병원'이며, 또 하나는 고려의학을 학문적으로 체계화하여 발전시키는 '연구기관'이다. 고려의학과학원 산하에는 '고려의학기초이론연구소', '전통약학연구소', '침구연구소', '전통의학치료연구실' 같은 전문 연구기관이 50여 개에 달한다. 이곳에서 《동의보감》, 《향약구급방》 등 10여 종의 고전서적들이 번역되고, 200여 권에 가까운 고려의학 서적이 출판되었다. 뿐만 아니라 고려의학과학원을 베이스캠프로 하여 전국에 고려의학 전문병원(한방병원)이 25곳이나 되며. 각 시도에 산재해 있는 12곳의 의과대학에는 고려의학부가 개설되어 고려의사들을 양성하고 있다.

16.1____ 전통건축 기법을 차용한 두 동의 건물로 이루어진 고려의학과학원.

천하의 명의
장도선 박사를 만나다

이곳을 방문해 가장 보람 있었던 일은 세계적 명성을 얻고 있는
장도선 박사를 직접 만나 그가 진료하는 모습을 가까이에서 지켜본
일이었다. 국내외에서 '신의 손'이라고 일컫는 그는 75세의 고령임에도
불구하고 매우 정정해 보였으며, 여전히 왕성하게 진료 활동을
계속하고 있었다. 장박사는 수법치료를 학문적으로 체계화한 공로로
'인민의사' 칭호를 받았다.

그는 46년 동안의 임상 경험과 연구를 통해 수법치료 이론을 체득하였다고 한다. 안마법, 지압법이 단연 자주 사용하는 치료법이며, 관절운동법, 견인법, 척추교정법 등도 자주 활용한다. 그의 명성을 듣고 노인성 질병, 뇌일혈, 뇌경색, 뇌출혈 환자들이 끝없이 밀려온다. 이날도 많은 환자들이 줄을 서서 대기하고 있는 까닭에 변변한 대화조차 나눌 수 없었다.

장박사 이야기를 듣고 처음에는 "세상에 어떻게 의료기구나 약물을 전혀 쓰지 않고 맨손으로만 환자의 질병이 깔끔하게 낫게 할 수 있단 말인가?" 하는 의문이 떠나지 않았다. 그가 환자를 치료하는 모습을 직접 목격하면서 놀란 마음을 진정시켰다.

지금도 외국의 국가원수들이나 각계 명사, 해외동포들이 줄줄이 그를 찾아와 치료를 받는다고 한다. 장박사는 환자들을 치료하는 외에도 수법연구사 자격증을 취득하려는 젊은 의사들을 대상으로 여전히 강의를 계속하고 있다. 그는 기회가 되는 대로 일 년에 두세 번 정도는 외국에 나가 방문 진료도 한다. 그의 열정과 노익장은 식을 줄 몰라 보였다.

수많은 일화 가운데 가장 유명한 이야기는 고려의학과학원 길 건너 '김만유병원'의 설립자인 김만유 이사장을 완치한 사례다. 김이사장은 일명 '양측대퇴골두 무균성 괴사'라는 희귀병으로 수술을 받고 그 후유증으로 꼼짝 못하는 상황에서 장박사의 치료를 받고 거짓말처럼 다시 걷게 되었다고 한다. 나에게는 그런 무용담 같은 이야기가 마냥 신기할 따름이었다.

'의사들의 정성이 명약입니다'

휴식시간을 이용해 장박사와 의료진들을 영접실에서 만나 잠시
이야기를 나눌 수 있었다. 그들은 한결같이 과거 김대중, 노무현 정부
시절에 평양에서 열린 '통일침뜸학술토론회'나 '남북민족의학학술토론회'
가 중단된 것을 많이 아쉬워했다. 5·24대북조치가 의학계에까지
치명적인 영향을 끼쳤던 것이다.

과학원 의료진들은 민간요법을 이론적으로 체계화하기 위해 전국을
돌아다니며 옛날부터 내려오는 민간요법들을 수집하고, 이를 과학적으로
검토하는 일을 해왔다. 수집된 민간요법의 건수만 무려 수만 건에
달한다고 한다. 그중 가장 가치 있는 1만 건의 민간요법을 선별해
임상실험 작업을 해왔으며, 약리작용을 치료에 적용하는 연구도
병행하였다. 그리하여 고려약과 침, 뜸, 부항을 활용한 민간요법의
치료효과를 과학적으로 증명하고 체계화하는 데 큰 성과를 거두었다.

이들의 성과는 책자로 출판되어 의학도뿐 아니라 일반 인민들
사이에서도 널리 활용되고 있다. 최근에는 일반 병원에서 양방(임상의학)
과 한방(고려의학)을 병행하는 시스템이 보편화되고, 고려약(한약)
제약공장도 여럿 설립되었다.

영접실을 나와 이곳저곳을 둘러보는 중에 '난치나이실'이라는 간판이
보였다. 우리말로 해석하면 '난치병치료실'이었다. 한글(조선어)로 적혀
있었지만 해독 불가였다. 60년이 넘는 분단 상황에서 남북의 언어가
갈수록 틈이 벌어지는 게 안타까웠다.

필자 주변에는 한의사가 많은 편이다. 그래서 어느 정도 한의학의 기본지식은 알고 있음에도 불구하고, 생전 처음 보는 독특한 치료법들이 눈에 많이 띄었다. 장박사를 보필하는 어느 고려의사가 난치나이치료법과 광천요법을 자세히 설명해주었다. 나로서는 매우 유익하고 흥미로웠다. 장박사에게 수기치료법이 이렇게 완치율이 높은 비결이 무엇인지 진지하게 물어보았다.

"정성입니다. 우리 의사들에게 가장 큰 비결과 무기는 오직 정성입니다. 제 책상 위에 있는 족자에도 걸려 있지 않습니까?"

장박사의 진료실에는 '의사들의 정성이 보약이다'라고 세로로 쓰인 붓글씨가 걸려 있었다. 뿐만 아니라 같은 내용의 족자가 진료실 곳곳마다 걸려 있었다.

민족의학 교류가
통일을 위한 기폭제

북의 고려의학은 우리나라 북방지역 한방(고려의학)의 순수 전통을 아직 고수하고 있는 것으로 보였다. 표면적으로 보이는 것보다는 한층 심오할 뿐 아니라 인민들의 생활 깊숙이 실용적으로 뿌리 내리고 있음도 확인할 수 있었다.

북은 전통적인 고려의학(한방)의 기초 의료 행위에 서양의학(양방)의 장점을 적용하고 있었다. 일반 병원의 환자들을 대상으로 하는 주치료

방식은 아직 고려의학이 중심을 잡고 있었는데, '양방으로 진단하고 한방으로 치료하는 양진한치(洋診韓治)' 시스템을 구축한 것이 확실했다. 몇 년에 걸쳐 꾸준히 북을 방문한 나는 평양과 지방의 의료시설들을 방문할 때마다 반드시 고려의사를 정식으로 배치하여 고려의학 진료실을 필수적으로 운영하고 있음을 두 눈으로 확인했다.

남측은 서양의학과 한의학이 철저히 이원화되어 있지만, 북측은 고려의학 의료진과 서양의학 의료진을 크게 차별하거나 구분하지 않았다. 북의 일반 주민들은 서양의학보다는 오히려 전통적인 고려의학에 더 의존하는 경향이 있는 것 같았다. 그래서 그런지 남측의 한의학보다는 북의 고려의학이 임상 부문에서 치료법이 훨씬 다양해 보였다. 평양의 여러 병원에서 생전 보지도 듣지도 못한 고려치료법을 볼 수 있었기 때문이다.

고려의학과학원을 떠나며 하루빨리 남과 북 의학 분야의 동질성 회복이 시급함을 절감할 수 있었다. 비근한 예로 남측은 '한의학', 북측은 '고려의학'이라고 호칭하는 차이에서 오는 이질화된 간극을 무엇으로 메울지 걱정이 앞선다.

남측의 한의학과 북측 고려의학의 만남과 교류가 절실하다. 통일을 대비해 의학 분야의 동질성을 한 단계씩 만들어가야 하며, 남북이 손을 잡고 민족의학에 대한 공동조사와 기초 학술 교류에 착수해야 한다. 한의학(한방)은 우리 민족문화의 자산으로서 남과 북의 공통분모가 형성되는 분야이다. 남북이 합작해 통일시대의 롤 모델이 되는 민족의학전문병원을 건립했으면 좋겠다.

벽돌 하나 제대로 남아 있지 않는 잿더미
속에서 이북교회는 회복할 수 없는 깊은
암흑으로 빠져들었다. 적어도 1953년부터
1972년까지는 그랬다. 이 기간은 전후
복구와 재정비를 위한 충전의 시기였다.
그런 악조건 속에서도 1972년부터
조금씩 경계심과 불신의 벽이 헐리며,
이북에서 가정교회와 처소교회들이
세워지고 있다. 1988년에는 봉수교회와
장충성당이 연이어 설립되었다. 또한
목회자를 배출하는 평양신학원까지
세워졌다.

백두산 종덕사 터 참관을 시작으로
상황이 허락되는 대로 이북에 있는
불교 사찰들을 본격 참관하는
프로젝트를 진행 중이다. …
현재 이북에는 크고 작은 사찰이나
암자 70여 개가 보존돼 있다.

4부

북녘의
교회를
찾아가다

두 할머니의 깊은 상처

평양에 머무는 동안 새벽이 되면 어김없이 산책길에 나선다. 여느 때와 마찬가지로 새벽에 일어나 대동강변 산책에 나섰다. 동이 터가는 무렵의 강가에 70대 후반의 할머니 두 분이 뚝방에 나란히 걸터앉아 쉬고 있는 모습이 눈에 띄었다.

할머니들에게 가볍게 인사들 드린 후 몇 마디 대화를 나누었다. 그러다가 해방 전 평양에 있던 교회 이야기를 꺼내며 어릴 적에 교회에 다녀본 적이 있느냐고 물었다. 지팡이를 든 할머니는 아무 말 없이 고개만 설레설레 좌우로 흔들었다. 그런가 보다 하고 같이 산책하던 일행에 뒤처지지 않으려 급히 인사를 하고 할머니와 헤어졌다.

이튿날 다시 산책을 하다 보니 어제 그 자리에 그 할머니들이 다시 앉아 계셨다. 나는 일행의 대열에서 잠시 이탈해 할머니들과 속 깊은 대화를 나눌 수 있었다. 안타깝게도 지팡이를 짚은 할머니는 미국과 기독교에 대한 씻을 수 없는 상처를 지니고 있었다. 전쟁통에 흔히 있을 수 있는 일이겠거니 생각했는데 이야기를 자세히 듣고 보니 그게 아니었다.

할머니의 가족은 전쟁을 피해 피난길에 올랐다. 피난민 대열 속에 섞여 가는데 미군의 폭격이 시작되었다. 할머니의 부친은 평안도 정주에서 교회에 다니던 분이었다. 부친은 우박처럼 쏟아지는 비행기의 폭탄 공격으로 절박한 상황이 되자 식구들을 데리고 근처 교회당을 향해 달렸다.

"미국은 기독교 나라니까 교회당으로 피신하면 무사할 수 있다. 빨리 따라 오너라."

그러나 미군 조종사는 할머니의 가족이 황급히 몸을 숨긴 교회당

17.1___ 황해도 신천군에 진격한 미군의 총격으로 양팔이 잘려나간 리옥희 할머니의 최근 모습 (왼쪽 세 번째).

건물에 더 집중적으로 폭탄을 퍼부었다. 할머니의 어머니와 형제 3명이 순식간에 목숨을 잃고 자신과 아버지만 구사일생으로 살아남았다.

그 후부터 할머니에게 '기독교', '교회', '미국'이라는 말은 씻을 수 없는 증오의 대상이 되었다. 할머니는 그처럼 분노와 증오를 가슴에 안은 채 한평생을 살아왔던 것이다. 여전히 눈물을 글썽이는 할머니의 모습을 보며 나는 방망이로 머리를 얻어맞은 듯했다. 그 어떤 위로의 말씀도 드리기 어려웠다. 할머니에 대한 미안함과 민망함 그리고 말로는 표현할 수 없는 죄책감이 온몸을 사로잡았다.

그뿐 아니다. 황해도 신천을 방문했을 때의 일이다. 양팔이 완전히 잘려나간 '복수, 하, 리라'의 어머니 리옥희 할머니를 만났을 때의 충격을 무엇으로 설명할 수 있을까. 그녀는 어른이 된 다음 결혼해 삼남매를 낳았는데, 아이들의 이름을 첫째는 '복수', 둘째는 '하', 셋째는 '리라'로 지었다.

사건은 6·25전쟁이 한창이던 시기에 발생했다. 황해도에 진격한 미군은 좌익과 우익이 서로 잔인한 살육전을 벌이도록 공작을 벌여 신천군 일대를 살육의 쑥대밭으로 만들었다. 인민군이 퇴각하고 미군과 우익 세력이 마을마다 총부리를 들이대며 좌익을 색출하던 때였다.

당시 어린 소녀였던 할머니는 음식을 구하러 밖으로 몰래 나왔다가 미군에게 발각되어 달아나던 중, 막다른 골목에 위치한 은신처로 들어가려고 문고리를 잡는 순간, 지척에서 쫓아오던 미군의 무차별 난사로 두 팔이 잘려나갔다. 바다 건너 기독교 나라에서 온 백인 군인 아저씨에 대한 소녀의 환상은 순식간에 날아가 버리고, 그 자리엔

한평생 증오와 저주만이 대신하게 되었다. 미국에 대한 그녀의 복수심과 증오심이 얼마나 극에 달했으면 자식들의 이름을 '복수, 하, 리라'로 지었겠는가? 안팎으로 상처 입은 채 평생을 불구자로 살아온 그녀의 깊은 한숨과 설움을 그 누가 감히 이해할 수 있을까?

굳이 두 할머니의 사례를 들지 않더라도 이북의 인민을 깊이 이해하기는 쉬운 일이 아니다. 기독교 국가인 미국이 한국전쟁 당시 북의 인민들에게 행한 일은 60년이 넘은 지금까지 이북 인민들에게 깊은 상흔으로 남아 있다. 그들의 반미감정은 미국이 믿는 종교라는 이유로 기독교에 대한 거부감과 증오로 변환되었다. 정전협정 이후 북 정부는 반미와 항미를 일관성 있게 주장하고 있다. 인민들 속에 깊이 뿌리내린 미국과 기독교에 대한 상처와 원한을 국가가 대변해주는 측면이 있음을 눈여겨볼 필요가 있다.

이북교회를
이해하는 첫 걸음

북을 내재적 접근방법으로 바라보지 않더라도, 저 상처 받은 두 여인이야말로 내게는 〈요한복음〉에 등장하는 사마리아 수가성 여인으로 다가왔다. 유대 민족과 사마리아 민족은 원래 한 혈통이었으나, 주변 제국의 비극적 침략전쟁에 의해 서로 적대관계가 되었다. 그 후 아주 오랜 세월을 유대인과 사마리아인은 상종하지 않고

17.2___ 웅장한 모습의 봉수교회당.

서로를 비난하며 높은 장벽을 쌓고 살았다. 예수께서는 유대인 모두가
회피하고 무시하던 그 장벽을 허물기 위해 큰 결단과 각오로 직접
사마리아를 찾아가 우물가의 한 여인을 만나셨으며, 그녀가 풀지
못하던 정치적 종교적인 문제를 치유하고 회복시켜주셨다.

　오늘날의 한국교회도 그와 같아야 한다. 현실성 없는 소위 '북한
선교'의 허영에 들뜨지 말고, 이제부터라도 예수께서 모범을 보이신
민족화해와 평화통일의 기초를 놓는 과업부터 하나씩 차근차근
시작해야 한다.

　이북은 일본과 미국 같은 제국의 압제와 위협 속에서 독립된
주권국가를 지키기 위해 피땀 흘려왔다. 동시에 어쩔 수 없이 미국이

신봉하는 기독교를 경계하고 배척해야 했다. 쓰라린 역사의 아픔이 그들에게는 현재진행형으로 생생하다. 1940년대 말까지만 해도 평양은 '동양의 예루살렘'이라고 불린 기독교의 중심지였다. 하지만 6·25전쟁 중 미 공군의 폭격으로 북녘의 교회당은 모두 파괴되어 온전하게 남은 건물이 하나도 없다시피 되었다. 미군의 폭격 등으로 북 전역에서 7,491개소의 종교 시설물이 사라졌다. 불교 사찰을 제외한 나머지 대부분은 교회와 성당을 비롯한 기독교 시설이었다.

벽돌 하나 제대로 남아 있지 않는 잿더미 속에서 이북교회는 회복할 수 없는 깊은 암흑으로 빠져들었다. 적어도 1953년부터 1972년까지는 그랬다. 이 기간은 전후 복구와 재정비를 위한 충전의 시기였다. 그런 악조건 속에서도 1972년부터 조금씩 경계심과 불신의 벽이 헐리며, 이북에서 가정교회와 처소교회들이 세워지고 있다. 1988년에는 봉수교회와 장충성당이 연이어 설립되었다. 또한 목회자를 배출하는 평양신학원까지 세워졌다.

이런 변화와 노력을 소중하게 이해해야 한다. 한국교회는 이 같은 내용을 무시하거나 알지 못한 채 이북은 종교의 자유가 없으며 종교를 핍박한다고 매도한다. 뿐만 아니라 이미 세워진 모델 교회도 모두 가짜라며 무작정 비판해왔다.

이북에서는 분단 이후 주체문화가 자연스레 토착화되었다. 북 인민들은 60년이 넘는 기간 동안 사회주의와 주체사상 외에는 다른 종교 문화나 사상을 접하지 못했다. 1972년 이후 뿌리 내리기 시작한 이북 기독교 공동체들은 이런 주체문화와 공존하며 민족종교화되어가는 과정에 있다. 기독교라는 거대하고도 세계적인 종교를 자신들만의 민족종교로 정착시키는 유일한 국가는 지구상에 이북밖에 없는 것같이 보인다.

그런데도 한국교회는 이북교회를 향하여 자신들(한국교회와 미국교회)의 시스템과 방식을 따르지 않는다고 해서 폄하하거나 무시해왔다. 철저히 미국식 기독교를 따르는 한국교회는 자신들이 믿는 방식과 다르다고 해서 이북교회의 진정성을 의심하며 근거 없는 비판만 일삼는다. 종교성과 신앙색채가 다를 뿐 교회로서의 본질은 다르지 않다. 자신들이 피땀 흘려 지켜온 자주정신과 주체문화가 훼손되지 않는 범위 내에서 이북 땅에 조심스럽게 교회를 세우고 예배드리기 시작한 것을 우리는 받아들이고 이해해야 한다.

이북은 헌법에 종교의 자유를 보장하고 있으며, 종교를 억압하거나 핍박하지 않는다. 그렇다고 종교를 적극 권장하지도 않는다. 다만 미국과 첨예하게 대결하다 보니 자신들이 지켜온 자주성과 국가의 생존을 침해하는 경우에는 유동성 있게 종교를 제한할 뿐이다.

이북에는 어떤 교회가 있나

이북에도 남한이나 서방세계처럼 다양한 기독교 교파와 교단이 있다. 나는 이를 '포괄적 기독교교회(범기독교교단)'라고 명칭하고자 한다.

1980대 이후 이북 영토에 설립된 기독교를 유형별로 크게 분류하면 민간교회와 공식교회로 나눠진다. '민간교회'란 남과 북이 상호 협의하여

17.3___ 러시아정교회
소속인 평양 정백성당.

북측 영토에 설립한 남한교회를 일컫는다. 민간교회의 경우는
'직장교회'가 대부분이다. 지금은 중단됐지만 함경도 신포의 케도
(KEDO) 경수로 공사현장에 건축된 '신포교회'와 '금호성당', 그리고
금강산빌리지에 세워진 '금강산교회'가 대표적이다. 개성공단에도
'개성신원교회'가 세워졌다. 평양과기대 게스트하우스 내에 있는
'평양과기대 채플'에서는 지금도 매주 오전 9시에 주일예배가 거행되고
매일 새벽예배도 드려진다.

이와는 별도의 민간교회로는 대동강변에 건축된 '평양제1교회'가
있다. 온실용도 건물의 2층에 별도의 작은 기도처 형식의 예배당이
마련되어 명맥을 유지하고 있다.

반면에 '공식교회'는 이북에서 공인한 사역교회이다. 담임 목회자가
상주하면서 정기적으로 예배가 거행되는데, 개신교를 대표하는
공식교회는 평양 '봉수교회'와 '칠골교회'이다. 두 교회는 이북교회를
상징하는 쌍두마차로서 북측 정부가 인정하는 국가 브랜드 교회이다.

천주교의 '장충성당'과 러시아정교회의 '정백성당'에서도 매주
미사를 드린다. 또한 황해도 '은률읍교회'와 량강도 포평사적지 내에
있는 '포평교회'는 '사적지교회'다. 영화세트 촬영소로 사용되는
'형제산교회당'과 통일교가 세운 '세계평화센터' 내부의 '통일교 교회당'
도 있다.

몇몇 교회는 건물 건립을 추진 중이거나 추진하다 중단되었다.
미국의 프랭클린 그레이엄 목사(빌리 그레이엄 목사의 아들)는 '평양
국제외국인교회'를 설립하기 위해 준비 중이다. '평양

277

17.4_____ 주일예배 중인 봉수교회 예배당 내부.

국제하베스트교회'는 왕성하게 설립을 추진하는 도중에 중단된 상태다.
이 교회는 미국 IT기업 '노바'의 조명호 사장이 대동강변 IT단지에
설립하던 중 조사장이 갑자기 타계하는 바람에 현재 중단된 상태이다.
서울 여의도순복음교회가 설립한 '평양 조용기목사심장병원' 건물에도
30평 규모의 교회당 설립을 허가 받았다. 하지만 5·24 대북 제재조치를
비롯한 여러 가지 이유로 현재 건물 공사가 중단되었고, 너무 오래
중단되다 보니 다른 용도로 변경 중에 있다.
　또한 500여 개의 개신교 계통 가정교회(처소교회)가 다양한 형태로

존재한다. '가정교회' 역시 이북정부가 인정하고 공인하는 합법적인 교회들이다. 이들 가정교회는 평양뿐 아니라 전국 각 시도에 널리 분포되어 있다. 천주교측 가정교회도 20여 곳에 이른다. 그 외에도 정형화되지 않은 형태의 기독교 교회가 일부 존재한다.

전후 이북 최초의 공식교회당, 봉수교회를 가다

기독교인이 아니더라도 국내외 많은 이들이 방북할 때마다 궁금증과 기대감을 갖고 들르는 곳이 평양 보통강변에 자리 잡은 봉수교회다. 나 역시 이곳에 갈 때는 언제나 가슴이 설렌다. 교회당이 멀리 보이는 도로에 들어서면 흰 대리석재로 지은 교회당이 마치 유럽의 작은 궁전을 연상케 할 만큼 아름답게 보인다.

교회당 왼편에는 이북교회를 대표하고 총괄하는 '조그련(조선그리스도교련맹)' 사무실이 있다. 조그련은 김일성 주석의 외종조부이며 창덕소학교 담임선생이었던 강양욱 목사의 주도로 설립된 북조선기독교련맹에 그 기반을 두고 있다. 교회 오른쪽 담장 너머 작은 울타리 문을 통과하면 멋진 경관을 자랑하는 일명 '에덴동산'이 나온다. 이곳에는 북 유일의 신학교인 '평양신학원'이 터를 잡고 있다. 봉수교회가 위치한 지역은 넓은 그림으로 볼 때 기독교 타운을 형성하고 있는 형국이었다.

봉수교회는 수식어도 다양하다. '전후 북조선 최초의 공식교회',

'북조선의 국가 브랜드 교회', '현대 북조선 기독교의 모교회' 등으로 불린다. 주일예배에는 300여 명의 신자가 참석한다. 북측 신자들뿐 아니라 남녘 동포를 비롯해 수많은 해외동포 신자들과 목회자들이 찾아와 예배를 드린다. 북측 신자들은 그들의 신앙 방식대로, 외부 방문 신자들은 각기 자신이 속한 국가의 교회에서 배우고 익힌 신앙 방식대로 예배를 드리는 이곳은 인종과 국적, 사상과 이념을 넘어선 국제적인 초교파, 범교단적 교회 기능도 지니고 있다.

봉수교회는 1988년 11월에 완공되었다. 북 스스로의 힘으로 건축되었다는 데 의미가 있다. 국가에서 부지를 제공하고 북측 교인들의 헌금으로 대부분의 건축비를 충당하였다.

교회당이 점차 노후화되어가는 것을 안타깝게 여긴 남측의 예장 남선교회 전국연합회가 "백 년이 지나도 끄떡없는 교회를 세우자"는 결의를 모아 건축기금과 자재들을 조그런에 전달하면서 재건축이 시작되었다. 기존 교회당을 철거한 뒤 2008년 1,200석의 좌석을 갖춘 현대식 건물로 다시 태어났다. 승강기가 설치되고, 그랜드피아노는 물론 대형 스크린과 촬영 시스템, 조명, 음향 시설을 완벽하게 구비하였다.

봉수교회는 내실 면에서 지속적인 발전을 해왔지만, 자본주의하의 서방세계 교회와는 운영 방법이 다르다 보니 외형적인 성장은 크지 못하다. 본디 사회주의 이북은 기독교가 인민들에게 막대한 해독을 끼치는 것으로 보고 상대적 가치만 인정해왔다. 대부분의 인민들도 종교를 일종의 아편이나 미신으로 간주해 거의 관심을 보이지 않는다.

이북 전역에 산재하던 해방 전의 교회당들은 6·25전쟁을 기점으로

17.5___ 현재의 봉수교회 담임인 송철민 목사가 설교하는 모습.

17.6___ 주일예배 시간에 외국 신자들이 단체로 나와 찬송을 부르고 있다.

모두 사라졌다. 그런 속에서 가정교회와 처소교회가 그루터기로 남아 명맥을 유지해왔다. 북측의 당과 내각과 군부는 이미 1960년대에 가정교회를 허락했다. 소위 '풀어주는 사업'의 일환으로 당시 60대 이상 연령의 신자들에게 비공식적으로 기독교 종교 행위를 무한정 인정했으며 그것이 뿌리가 되어 봉수교회와 칠골교회 등으로 이어진 것이다. 오늘날 이북의 공식적인 기독교인 규모는 1만 5천여 명에 달한다.

칠골교회에서 메시지를
전하고 축도를 하다

칠골교회 역시 거대한 타운 내에 조성되어 있다. 칠골교회의 길 건너편에는 '칠골혁명사적관'이 자리하고 있다. '칠골혁명사적관'은 김일성 주석의 항일투쟁 자료를 비롯해 김주석에게 영향을 미친 인물들의 자료가 전시되어 있다. 사적관 뒤쪽에는 김일성 주석의 모친 '강반석 여사의 생가'가 자리하고 있다. 타운의 맨 뒤쪽은 해방 전 기독교 미션스쿨로 운영되던 '창덕소학교' 캠퍼스다. 김일성 주석은 이 학교를 다녔으며, 학교 설립자는 김주석의 외조부 강돈욱 장로다.

최초의 칠골교회당은 1989년 말에 세워졌다. 전후 이북에서 생성된 자생적 처소교회와 가정교회 중에서 가장 모범적인 곳이 칠골 지역 신앙공동체였다. 그들은 전쟁의 비극적 상황 속에서도 삼삼오오 모여 수십 년간 예배를 드리며 신앙의 그루터기 역할을 해왔다. 그러던 중 평양시 광복거리에 신도시가 개발되면서 신자들이 칠골 지역 아파트 타운으로 다수 이주한 것이 계기가 되어, 당국에 교회당 건축의 필요성을 요청하여 승인을 받았다.

제법 규모가 큰 교회당 부지는 국가에서 제공했고 건축 공사는 칠골지역 가정교회 신자들 중심으로 이뤄졌다. 그러나 전형적인 시골교회를 연상시키는 교회당은 3년여의 세월이 흐르면서 다시 건축할 필요성이 제기되었다. 1992년 새 예배당이 준공되었으나, 20여 년이 지난 후 다시 한 번 새 건물을 지어 옮겼다.

나는 세 번째 칠골교회 건축공사가 마무리된 2014년 10월 첫 주일 아침 칠골교회를 방문하였다. 함께 차를 타고 가는 일행들이 능장을 부리는 바람에 예배시간이 임박해서야 허겁지겁 주차장에 도착했다. 예배당은 나무들에 둘러싸여 아늑하고 푸근한 맛을 풍겼다. 조선옷 (한복)을 곱게 차려 입은 여성 장로님과 집사님들 서너 명이 반갑게 맞이해주었다.

칠골교회를 새로 담임 맡은 백봉일 목사는 소박하고 서민적이어서 옆집 아저씨나 동생같이 편안했다. 백목사의 짧은 설교가 끝나자 내가 등단해 메시지를 전했다. 이날은 이른바 칠골교회 재건축 입당식 예배 형식이었다. 엄숙하고 경직된 분위기여서 백목사가 나를 소개하는 과정에서 실수한 것을 화제 삼아 조크를 던졌더니, 일제히 폭소를 터뜨리며 분위기가 한결 화기로워졌다. 며칠 전 평양 단군릉에서 개최된 개천절 행사에 남, 북, 해외 동포 3자가 연합해 동참한 것을

17.7____ 새로 지은 평양 칠골교회.

17.8___ 칠곡교회 주일예배 광경.

언급하며 조국의 통일도 이와 같이 3자가 힘을 합쳐야 이룩할 수 있다고 역설했다. 아울러 오늘날 기독교의 사명과 역할에 대해서도 강조했다.

짧은 메시지를 전한 후 백목사와 나란히 서서 마지막 찬송을 부르고 예배의 마지막 순서인 축도를 하기 위해 다시 설교단에 올랐다. 축도를 하는데 울컥하는 마음이 들더니 갑자기 감정이 복받쳐 올랐다. 예배를 마친 후 교인들과 친교의 자리를 가졌다. 그들의 확고한 신앙 의지와 민족공동체의 문제를 절실하게 고민하는 모습을 살필 수 있었다.

18. 북녘의 사찰을
찾아가다

불교와의 인연

필자의 신분은 기독교 교파 중 하나인 장로교단(대한예수교장로회)
소속의 목회자이다. 하지만 전통적 장로교 교리보다는 '역사적 예수'를
선호하는 신학적 입장을 취하기 때문에 다른 종교의 성직자들이나 다른
종교와의 교류에 우호적이다. 내 종교가 소중할수록 남의 종교 역시
소중하며, 다른 종교를 통해 자신의 종교적 정체성이 더욱 확고해질 수
있다. 오늘의 한국교회는 자신이 믿는 기독교만이 유일한 참진리의
종교이며, 다른 종교는 미신으로 치부하는 배타주의적 성향이 강하다.

좀 더 나은 진보적인 교단과 신자들은 다른 종교에 무조건
배타적이지는 않다. 다른 종교의 가르침에도 어느 정도 참의 요소가
있다고 본다. 하지만 궁극적으로 자신의 종교와 다른 종교의 우열관계를
따지며, 자신의 종교만이 최고의 진리라는 포괄주의에 머물러 있다.

필자는 모든 종교의 동등성을 분명하게 인정하는 '상대주의'를 지지하며, 아울러 다른 종교의 상황을 철저하게 인정하는 '다원주의' 입장이다.

필자의 부모님은 독실한 불교 신자였다. 중학교 2학년 무렵까지는 부모님을 따라 절에 다니곤 했다. 부모님은 심지어 절간의 보살을 나의 수양어머니로 삼아주실 만큼 불교에 심취하셨다. 그런 경험 때문인지 불교라는 종교가 어색하거나 불편하기보다 오히려 친근함으로 다가온다. 지금도 서재에 석굴암 본존불 사진을 걸어두고 있다. 부처 사진을 감상하듯 바라보노라면 마음의 평온과 평정심이 유지된다.

한편 큰아버지는 독실한 가톨릭 신자로 마을에서 가톨릭 공소를 운영하셨다. 나는 큰아버지가 운영하는 우리 마을의 성당 공소에도 열심히 다녔다. 이처럼 나는 남달리 특이한 종교적 체험을 하며 학창 시절을 보낸 셈이다.

그 후 신학을 공부하던 필자는 우연히 관람하게 된 불교 전시회에서 큰 충격을 받았다. '지장보살 특별전'이었는데, 전시회 명칭이 '메시야 지장보살, 우리 곁에 오다'였다. 예수 그리스도에게만 붙이는 명칭인 줄 알았던 '메시야'라는 호칭을 불교에서 버젓이 사용하는 것을 보고 깜짝 놀랐다. 처음에는 불교 측에서 기독교 명칭을 도용한 줄로만 알았는데, 알고 보니 불교에서도 아주 오래전부터 널리 사용되는 용어였다.
(불교에서 사용하는 메시야는 미래의 부처님, 곧 미륵불을 일컫는 용어다. 미륵불은 석가모니 부처가 미처 제도하지 못한 중생들을 구제할 부처라고 한다.)

그 전시회의 주인공인 지장보살은 신라의 김교각이라는 왕자였다. 신라 왕자가 중국으로 건너가 지장보살이 되기까지의 스토리를 담고 있어서 더욱 신기하고 감동적이었다. 김교각이 열반하던 당시의 육체를 그대로 보존한 미이라 등신불(等身佛)과 착용하던 의상과 신발 등이 실물 그대로 전시되어 있었다.

이때부터 자연스레 기독교와 불교를 비교하며 연구하는 습관이 생겼다. 아울러 평소 지니고 있던 좁은 식견과 안목을 확장하고, 보수신학에 찌든 잘못된 고정관념과 배타적 편견을 던져버리는 계기가 되었다.

18.1_____ 묘향산 보현사
경내에 자리한
사각구층탑.

필자는 종교적으로 기독교라는 정체성을 지니고 있음은 두말할 필요가 없다. 하지만 모든 종교의 궁극적 목적은 인간의 구제(인간 구원)에 있다고 보기 때문에, 이웃 종교인 불교의 장점을 기독교와 잘 조화시킬 수 있다면 하나의 종교를 통해서만 얻을 수 있는 진리를 보다 풍요롭게 공유할 수 있을 것으로 생각한다.

이북의 종교들과
교류하려는 의도

평소 나는 분단된 조국 땅에 뿌리를 내린 남한의 기독교와 불교는 둘 사이의 종교 이념 및 포교(선교) 경쟁에 몰두하기보다는 우리 민족 최대의 지상명령이며 최고가치인 민족통일에 중점을 두고 서로 소통하며 협력하는 관계가 형성되면 좋겠다는 생각을 해왔다.

불교와 기독교의 차이점이 무엇이고 공통점이 무엇인지는 그다지 중요하지 않다. 지금은 조국통일이라는 대의명분 아래 두 종교가 민족적 가치를 공유하고 힘을 합치는 일이 중요할 뿐이다.

필자가 설립한 'NK VISION 2020'은 이러한 의도 아래 '동북아종교위원회'를 만들어 이북과의 종교간의 소통창구 역할을 맡도록 했다. 또한 '손정도목사기념학술원'이라는 학술단체를 설립해 남과 북과 해외 동포 3자의 종교 교류를 촉진하고 있다. 특정 종교에 국한하지 않고 통일지향적으로 북과 소통하거나 교류하기를 원하는 목적을 갖고 있으면, 어떤 종교 단체와도 협력하고 지원해준다.

　무엇보다 필자는 우리나라의 불교를 종교 차원에서 바라보기보다는 역사 차원에서 바라보고 있다. 불교는 우리 민족의 산 역사 그 자체에 대한 물증이다. 불교는 민초부터 제왕에 이르기까지 국가의 모든 구성원들과 함께해온 안식처이며, 정신적 유산이다. 또한 헤아릴 수 없는 문화재와 역사 유적지를 간직하고 있는 민족문화의 보고이다.

　종교 문제를 떠나 민족구성원의 한 사람으로서도 이북의 불교를 소홀히 할 수 없다. 이런 이유 때문에 필자는 시간 닿는 대로 이북의 사찰을 모두 탐방하려는 계획을 세웠다.

백두산 천지 종덕사를 필두로
탐방 계획을 세우다

　올해(2018년)는 고려 건국 1,100주년이 되는 뜻 깊은 해이다. 남측 불교계에서는 작년부터 고려 건국을 기념하는 불교 행사를 곳곳에서 개최하기 시작했다. 1,100주년을 기념하는 행사를 남북의 불교인들이 모여 함께한다면 매우 의미 있는 장이 될 것이다.

　필자는 우리나라의 자생종교 중 하나인 천불교(天佛敎) 터전을 참관하기 위해 몇 차례 백두산 천지를 방문하였다. 천불교는 전통 불교는 아니지만 불교에서 파생된 민족종교이다. 그 대표적 사찰이 바로 백두산 천지호반 공터에 조성된 종덕사(宗德寺)이다. 1906년

18.2____ 여름철 백두산 천지 종덕사 터에
도착해 바라본 반대편 천지 모습.

조선의 신도들이 세운 이 절은 모두 목재로 지어졌으며, 절간의 규모는 99칸이나 되었다.

천지 물이 흘러나오는 평평한 바위에 자리 잡은 종덕사 유적지는 여름에 방문하려면 천지로 내려가 절터를 방문한 후에 승사하를 따라 장백폭포 옆에 조성된 계단을 따라 내려가면 된다. 겨울철에는 그 반대로 올라가야 한다. 겨울철에는 장백폭포 우측통행을 금지하고 쇠사슬과 자물통으로 통로를 폐쇄하기 때문에 올라갈 수가 없다. 필자는 그곳 관리원이 암묵적으로 허락해줘서 올라갈 수 있었다.

승사하 천지호를 거슬러 올라가다가 왼쪽 편에 웅장한 바위가 나타나면 그곳이 바로 종덕사 터이다. 이 절은 애국적이고 민족적인 반일 성향의 사찰로서 항일투사 종교인들의 본거지가 되었다. 일제는 이곳에 기거하던 종교인들을 수시로 탄압하였으며, 패망해 퇴각할 때는 절간을 훼파하다시피 했다. 필자에게는 더할 나위 없이 매력이 끌리는 불교 유적지였다. 그러나 절터가 중국측 영역에 속하기 때문에 중국 당국의 눈을 피해 매번 은밀히 참관해야 했다.

백두산 종덕사 터 참관을 시작으로 상황이 허락되는 대로 이북에 있는 불교 사찰들을 본격 참관하는 프로젝트를 진행 중이다. 칠보산, 묘향산, 구월산, 금강산 등 4대 명산에 고루 퍼져 있는 유명 고찰들을 우선순위에 두고 있으며, 황해도 정방산의 성불사, 평양 대성산의 광법사, 평양시 력포구역의 정릉사 등을 비롯해 상당수의 사찰 참관을 마쳤다. 현재 이북에는 크고 작은 사찰이나 암자 70여 개가 보존돼 있다.

평양 9사의 흔적

백두산 종덕사를 탐방하던 중 연변에서 우연히 만난 연변대의 서일범 교수는 평양의 고구려 절터 이야기를 들려주었다. 고구려 시기에 창건된 '평양 9사(寺)' 중에 광법사, 금강사, 영명사 등이 있는데, 금강사와 영명사 터는 외국인들은 접근할 수 없다는 것이다. 그 후 사실여부를 확인해보니 절터에 큰 공사가 진행 중인 것으로 보아 복원 작업이 진행 중인 듯했다.

금강사는 문자왕 7년(498)에 "평양 대동강변에 금강사를 창건하여 많은 고승들을 배출하였다"는 기록이 있다. 북측 학자들은 '청암리 사지(寺址)'가 금강사 터전이라는 것을 규명하는 일에 매달리고 있지만, 아직은 정황상의 추측일 뿐이라고 한다.

금강사로 추정되는 청암리 사지를 방문할 수 없게 되자, 평양민속공원으로 발길을 돌렸다. 평양민속공원은 평양시 외곽 대성구역에 있는 고구려시대 안학궁 유적과 주변부지 60만 평의 땅에 조성된 유적지 공원이다. 이 민속공원에는 청암리 사지 목탑을 원본 크기대로 재현해놓았다. 비록 철근 콘크리트 구조물로 건축했으나 그 규모와 위용은 대단했다. 평양 천도 무렵에 한 해 동안 아홉 개의 대규모 절간을 지었다는 사실을 보면 고구려가 얼마만큼 국가적으로 불교를 장려하였는지 알 수 있다.

북미간의 대립이 다른 어느 때보다 팽팽하던 시기에 필자는 평양 광법사를 찾았다. 마치 시국을 비웃듯 거리에서 마주치는 평양 시민들의 일상은 평온하고 얄미울 정도로 태평스러웠다. 광법사는 우리나라 불교 전래에 큰 영향을 끼친 아도 스님이 설립한 유서 깊은 사찰이라서 출발 전부터 큰 기대감이 밀려왔다. 필자의 광법사 방문은 이번이 두 번째였다.

마침 역사지식에 해박한 김일성대학 출신의 참사가 차 안에서 대성산성에 관해 설명해주었다.

"원래 우리 고구려 조상들이 남하해서 자리 잡은 곳은 대동강변 평양성이 아니라 바로 이곳 대성산 자락입니다. 여기서 무려 150년을 보냈기 때문에 옛날에는 대성산에만도 절간이 무려 열 개가 넘게 있었습니다. 그동안 천 년 세월이 흐르면서 모두 사라지고 그중에서 가장 유서 깊은 광법사만 복원한 것입니다."

대성산은 평양에서 동북쪽으로 8km정도 떨어진 곳에 위치한다. 대성산 국사봉 기슭에 아늑하게 자리 잡은 광법사는 평양 팔경의 하나인 대성산의 자연경치와 함께 우리나라 옛 고찰들의 건축미와 불교역사를 보여주는 귀중한 문화유적지이다. 또한 대성산은 평양 시민들이 손쉽게 나들이할 수 있는 인기 관광명소로 소문나 있었다.

마중 나온 스님의 안내로 절간의 대문격인 해탈문을 거쳐 대웅전 앞마당에 들어서자 여느 사찰과는 다르게 유서 깊은 절이라는 것이 금세 느껴졌다. 눈앞에 펼쳐진 여러 전각과 석탑은 서로 조화를 이루며 풍치를 더욱 돋워주었다.

"광법사는 1953년 조국해방전쟁(6·25전쟁) 시기에 미군의 폭격으로 완전히 훼손되는 아픔을 겪었습니다. 1950년대에 목재 형식을 본떠서

18.3___ 광법사 대웅전 2층 처마 끝 풍경에 달린 파란색 물고기가 살아 있는 듯 앙증맞다.

18.4___ 광법사 대웅전의 단청. 자로 잰 듯한 대칭미가 아름답다.

콘크리트로 지었다가, 1989년 지금의 모습대로 다시 복원한 것입니다."

광법사는 평양 시내 인근에 위치해 있다는 지리적 접근성과
우리나라 최초로 불교가 전래되면서 탄생한 사찰이라는 역사적인
상징성 때문에 국내외 인사들의 방문 시 참관 코스로 가장 우선시되고
있었다. 아울러 조선불교도련맹(조불련)의 공식적인 법회 장소로
활용됨은 물론 크고 작은 국가적 불교행사도 대부분 이곳에서
치러진다고 한다. 승려들을 배출하는 불교학원도 한때 광법사에
둥지를 틀고 있었다.

평양 정릉사와
사리원 성불사를 가다

정릉사는 동명왕릉으로 가는 널찍한 신작로를 따라 들어가다
정문이 나오기 직전 우측으로 빠지면 바로 나온다. 그 유명한 동명왕
(주몽)릉 입구에 정릉사가 마주하듯 자리 잡은 것이다. 역사적으로 둘
사이는 떼려야 뗄 수 없는 관계이다. 5세기 무렵 고구려 동명왕릉을
평양으로 옮겨올 때 동명왕의 명복을 빌기 위한 목적으로 지은 절이기
때문이다. 현재의 정릉사는 1993년 왕릉 개건 당시 함께 복원되었다.

절에 당도하니 스님들은 안 보이고 미녀 해설사가 맞아준다. 단출한
평상복을 입은 앳된 얼굴의 해설사는 우리 일행을 맞으면서 정중히
인사를 건넨다.

"어서 오십시오. 성불하십시오."

나는 속으로 '거 참, 목사가 성불하면 어떻게 되는 거지?' 하며 빙그레 웃음을 머금었다.

정릉사 규모는 얼핏 보아도 전북 익산의 미륵사지나 경북 경주의 황룡사지보다 더 커 보였다. 마치 고구려 불교가 백제나 신라보다 더 융성했다는 것을 입증하는 것 같았다. 건축 양식도 남측 사찰과는 판이하게 달라 이질감마저 들었다.

정릉사에는 두 분의 스님이 있는데, 급한 일이 있어 모두 출타 중이라고 했다. 아마도 전통적인 수행정진과 참선, 예불보다는 동명왕릉과 한데 묶어 역사교육의 장이자 문화 휴식처의 기능이 더 강조되는 곳으로 비쳤다.

그동안 만나본 북측 스님들은 일반인과 동일하게 머리를 기른 스님들이 있는가 하면 삭발한 스님들도 있었다. 최근 들어서는 삭발한 스님이 늘었다. 또한 절집에 상주하지 않고 결혼해서 가정을 갖고 있는 대처승이 대부분이었다. 음식에도 구애 받지 않아서 육류도 즐겨 먹는다. 조불련의 발표에 의하면 북측 승려는 현재 300여 명 정도인 것으로 알려져 있다.

또한 남북해외동포 통일토론회 미주대표단의 일원으로 방북한 우리는 황해북도 사리원 인근의 정방산과 성불사를 방문하였다. 정방산은 사리원에서 8km 정도 떨어져 있다 보니 흔히 '사리원 정방산'으로 통했다. 소나무와 이름 모를 나무들이 빼곡하게 산을 뒤덮고 있어 과연 듣던 대로 명산의 기품이 느껴졌다.

18.5____ 정방산성을 찾아 소풍 나온 소학교 어린이들의 표정이 밝고 명랑하다.

북측은 그동안 정방산성을 재정비하고 성불사를 복원하는 사업을 벌여왔다. 더불어 주민 편의시설을 개발함으로써 정방산은 주민들이 친근하게 찾는 생활 명소로 자리매김되어 있었다. 평일임에도 불구하고 주민들이 배구 경기를 비롯해 삼삼오오 여가를 즐기는 모습이 눈에 띄었다.

18.6____ 성불사 대웅전인 극락전과 오층석탑.

정방산성의 무지개 아치형 남문을 빠져나오니 골짜기 좌편에 성불사가 나타났다. 성불사는 통일신라 말에 도선국사가 창건했다고 전해진다. 한때는 25개의 말사를 둔 본산으로 천여 명의 스님이 수행 정진하던 해서지방의 종찰이었다.

임진왜란 때 화재로 소실되고, 6·25전쟁 시기에도 미군의 소이탄 공격으로 건물이 모두 파괴되었다고 한다. 폐허가 된 성불사는 1955년 대웅전을 시작으로 재건되기 시작해 오늘의 모습으로 변모되었다. 기념비에는 붉은 글씨로 국보유적 제87호로 지정되었다고 기록되어 있었다.

우리가 잘 아는 〈성불사의 밤〉이란 가곡이 있다.

성불사 깊은 밤에 그윽한 풍경소리

주승(主僧)은 잠이 들고 객(客)이 홀로 듣는구나

저 손아, 마저 잠들어 혼자 울게 하여라.

노산 이은상 시인이 노랫말을 지었다. 이 노래의 배경이 된 장소는 이곳 정방산 성불사라는 주장이 정설로 전해지고 있다. 풍경소리로 인해 노산이 잠 못 이루었을 그날 밤을 거슬러 올라가 보니, 다른 절간들과는 달리 인간 실존에 대한 심연의 고독을 제공해주는 듯했다.

아직 상징성 수준에 머물러 있지만 남측 조계종에서 금강산 신계사를 복원하였으며, 천태종에서는 개성에 있는 영통사를 복원하였다. 남북 불교 간의 소통과 교류를 통해 공동 불사가 꼬리를 물고 일어나기를 기대한다.

19.

장충성당과
가톨릭교회

시골 성당의 복사 소년

나의 큰아버지는 경기도 양평읍내 큰 성당에서 십여 리 떨어진 고향
마을에 아담한 천주교 공소를 세우고, 인근 지역 마을 신자들을 돌보며
평생을 살았다. 공소회장을 맡고 있던 큰아버지는 양평본당과 시골
공소를 부지런히 왕래하며 중계 역할을 다했고, 노년까지 공소예절
(사제가 없는 상태에서 평신도가 주일의식을 집전하는 것)을 이끌던 중
나병으로 선종했다. 나환자들을 돌보느라 나병이 옮았던 큰아버지는
마지막 투병 과정 중엔 손가락, 발가락이 썩어 절단되는 고통을 겪었다.

그런 까닭에 어릴 적 나의 놀이터는 새벽종을 치는 작은 공소
마당이었다. 열 살 무렵에는 주일 미사나 공소예절 때 복사 역할을
맡았다. 당시는 미국에서 원조한 밀가루, 신발 등의 구호품을 공소
마당에서 주민들에게 나눠주곤 했으며, 그런 날이면 사람들로

인산인해를 이뤘다. 어떤 연유인지는 몰라도 큰아버지는 강론 때마다 남북통일과 북녘 땅에도 천주교 성당이 세워져야 한다고 입버릇처럼 말씀하셨다.

비록 내 신분은 장로교 목사지만 가톨릭 신자였던 큰아버지의 당부를 잊은 적이 없다. 대북사역의 일환으로 이북 기독교 교회를 탐방하는 프로젝트를 세우면서 가톨릭교회도 포함하였다. 그리하여 자연스레 평양 '장충성당'과 지금은 중단된 함경도 신포 경수로 공사현장의 '금호성당'의 존재를 알게 되었다. 또한 개성공단 남측 근로자들을 위해 설립된 '개성공단 공소예절' 공동체에도 관심을 갖게 되었다.

부활절에
다시 찾은 장충성당

부활절 아침이 밝자마자 장충성당을 방문하기 위해 이른 새벽부터 부산하게 움직였다. 이날 갖춰 입으려고 평소에는 잘 입지 않는 로만칼라까지 미국에서 준비해왔다. 머물고 있던 평양호텔을 빠져나와 대동교 다리를 건넜다. 주체탑을 지나 몇 블록을 더 간 지점의 작은 공원 옆에 장충성당은 위치해 있었다. 개신교 목회자가 부활절에 가톨릭 성당을 찾다니, 누가 보더라도 이상하게 비칠 법한 일이었다.

"어서 오십시오, 최목사님. 신부님처럼 잘 어울리십니다."

19.1___ 미사를 드리는 장충성당 신도들. 연로한 여성 신자들이 많다.

주일미사가 시작되기 전에 일찌감치 성당 마당에 도착하니 성당 신도회 김철웅 회장이 반갑게 맞이하며 한마디 건넸다.

"오랜만입니다. 로만칼라 셔츠가 보기에 괜찮습니까?"

"우리 성당에 아주 오셔서 담당 신부님을 하셔도 되겠습니다, 하하."

"사실은 이 로만칼라를 스코틀랜드 개신교 목사가 만들었지요. 그때부터 전 세계적으로 개신교회 목사님들이 먼저 착용하고 다녔습니다."

"아, 그렇습니까? 저는 천주교에서만 하는 줄 알았습니다. 새로운 사실을 하나 배웠습니다."

"천주교 신부님들이 입고 다니는 로만칼라는 제2차 바티칸 공의회를 개최한 1965년부터 시작됐습니다."

성당 안으로 들어가자 몇몇 성가대원들이 연습을 마무리하는 중이었고, 미사를 준비하느라 바삐 오가는 복사들과 여성 신자들의 모습도 보였다. 김회장이 '잠시 후 스페인 방송국 다큐멘터리 촬영팀이 방문하기로 했다'고 귀뜸해주었다. 가끔 외국 방송국에서 찾아오곤 한다는 것이다.

진한 커피색의 회중석 장의자 위에는 성경책들이 가지런히 올려져 있었다. 유심히 바라보니 개신교회인 봉수교회와 칠골교회에서 사용하는 책과 동일했다.

오전 10시에 미사가 아닌 공소예절이 시작됐다. 김철웅 신도회장이 예식을 집전하였다. 어찌나 능수능란한지 마치 중견 사제처럼 보일 정도였다. 김회장 좌우에는 장년 신자 두 명이 복사 역할을 하며 집례를 도왔다. 4명으로 구성된 성가대의 찬양은 숫자에 비해 매우 우렁찼다.

여성 신자들이 압도적으로 많았다. 대부분 연로한 신자들이었으나, 어떤 과정으로 입교했는지 젊은 신자들도 더러 눈에 띄었다.

강론 직전에 김회장은 회중석을 향해 나를 소개하더니, 앞으로 나와 부활절 메시지와 인사말을 전하도록 배려했다. 나는 단으로 올라가지 않고 제단 아래 작은 제대에 서서 미리 준비한 짤막한 메시지를 전했다. 메시지를 마치자 회중들은 힘찬 박수로 화답했다.

공소예절이 모두 끝난 다음 나는 신도회 간부들과 모임을 갖고 궁금한 것들을 이것저것 물었다. 스페인 촬영팀은 여전히 우리의 일거수일투족을 찍느라 여념이 없었다.

"오늘 보니 70명 정도 오셨는데, 신자는 모두 몇 명이나 됩니까?"

"절기 때는 200여 명 참석하고, 평소에는 70~80명 정도 참석합니다. 사무실 세례책자(세례대장)에는 그동안 우리 성당에서 세례 받은 신자들 명단이 800명 넘게 기록돼 있습니다."

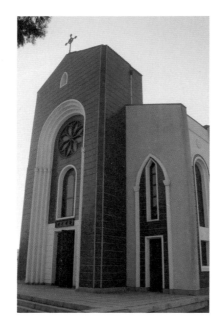

19.2___ 평양 주체탑 부근 작은 공원 옆에 자리한 장충성당.

"그래도 상당히 많군요. 담당신부님이 계시다면 더 많을 텐데 많이 아쉽습니다."

"신부님을 모시고 미사를 드려야 원칙이지만 모실 만한 형편이

안되니…. 다행스럽게도 신도가 되겠다고 자발적으로 찾아오는
사람들이 많아졌습니다. 아마 전국 각지에 있는 신자들을 모두 합치면
3천 명이 조금 넘는다고 보시면 됩니다."

"그렇다면 다른 지역의 신자들은 주일에 어디서 모입니까?"

"각 지구마다 가정 예배처소가 있으며, 주일이면 가정교회에 모여
묵주심공하면서 기도하고 성경을 공부합니다. 남포와 원산에는 조만간
공소를 세울 예정입니다."

이북의 가톨릭교회는 현재 단 한 명의 성직자나 수도자도 갖고 있지
않다. 장충성당 외에는 성당이나 공소, 수도원도 없다. 평신도-수도자-
성직자로 구성되는 가톨릭교회 신앙공동체를 갖추지 못하고 있는 것이다.

신자들의 손으로
장충성당을 건축하다

1950년 6월을 기점으로 이북 지역의 성당에서는 사제들이 모두
사라졌다. 제도상의 가톨릭교회가 완전히 자취를 감춘 것이다. 전쟁의
비극 속에서 사제가 사라진 이북 지역의 성당을 일컬어 남측
가톨릭교회에서는 그동안 '침묵의 교회'라고 불렀다.

그러나 40여 년의 침묵을 깨고 1988년 6월, 전후 최초의 가톨릭 신자
단체가 출범하였다. '조선천주교인협회'가 결성된 것이다. 최초의
가톨릭교회인 장충성당은 이 조직이 준비되는 동안 이미 첫 삽을 뜨기

시작하였다. 1988년 3월에 착공식을 갖고 같은 해 9월에 모든 공사를
마쳤다.

국가에서는 개신교 봉수교회와 칠골교회를 건축할 때처럼 성당
부지와 건축 자재를 무상으로 공급했다. 건축비용은 당시 북 화폐로 20
만 원이 들었다. 협회에 속한 300여 신자들이 자발적으로 마련한 헌금
10만 원과 정부에서 대여금 명목으로 지원한 10만 원으로 충당했다고
한다.

한편 장충성당이 건립되는 데는 남측 가톨릭교회의 관심과 바티칸의
지원도 큰 힘이 되었다. 장충성당이 1988년 9월 말에 완공되자 북측은
바티칸 측에 통보했고, 바티칸은 봉헌 축성식을 거행하기 위해 평양에
교황 특사단을 파견하기로 결정하였다. 천주교 서울대교구의 장익
신부와 당시 로마에 유학 중이던 정의철 신부가 특사로 임명되었다.

두 신부는 평양에 도착해 열흘간 머물며 북측과 천주교의 남북
교류를 심도 있게 논의했다. 그리고 10월 30일과 11월 1일 이틀에 걸쳐
성대하면서도 소박한 봉헌 축성미사를 집전했다. 교황 '요한 바오로
2세'는 장충성당의 봉헌 미사를 맞아 기념 성물을 전했다.

장충성당 제의실에 걸린 빛바랜
교황 사진을 보며

장충성당 제의실의 벽면에는 빛바랜 사진 액자가 하나 걸려 있다.

19.3_____ 강론이 끝나고 헌금 바구니를
돌리고 있는 헌금위원.

'교황 요한 바오로 2세'가 어느 가톨릭 신자 부부에게 축복을 내리는 장면이다. 사진 속의 주인공은 박덕수, 홍도숙 부부다.

부부는 전쟁 후 이북 땅에서 가톨릭 신앙을 유지해온 그루터기 신앙인이었다. 사진은 부부가 바티칸의 초청을 받아 부활절 미사에 참석한 후 교황을 알현한 장면이었다.

바티칸과 북측의 가교 역할을 한 인물은 장익 신부였다. 장신부는 1987년 바티칸 대표 자격으로 평양을 방문하였다. 장신부는 나흘밖에 되지 않는 바쁜 일정 속에서도 현존하는 북의 가톨릭 신자를 찾았다. 천신만고 끝에 다섯 명의 천주교 신자들과의 만남이 성사됐다.

본래 평양과 평안남북도 지역을 관할하는 평양교구에는 20여 개소의 본당이 있었지만, 해방 직후 6·25전쟁을 거치며 모두 사라졌다. 그런 황폐한 조건에서 자신들의 신앙을 지킨 것에 경외감마저 들었던 장신부는 평양에서 돌아온 후 평양교구장을 겸하고 있던 김수환 추기경과 교황에게 이 같은 사실을 보고했다.

장신부의 모험에 가까운 용단에 의해 성사된 가톨릭 신자 면담은 교회사적으로 대단한 사건으로 기록될 만했다. 장신부가 북측의 신자들을 발굴해 면담한 사건을 계기로 각자의 삶의 터전에서 조용히 신앙 생활하던 가톨릭 신자들의 활약은 표면화 공식화되고, 북측 정부로부터 공인받는 기회가 주어진 것이다.

북에도 참된 가톨릭 신앙의 그루터기가 남아 있다는 놀라운 사실을 접한 로마 교황청은 이듬해 4월 이들 신자 가운데 박덕수(마르코), 홍도숙(테레사) 부부를 바티칸으로 초청하게 된다. 이들은 부활절

대축일 전례에서 고해성사를 하고 영성체를 받았다.

이렇게 해서 박덕수와 홍도숙 부부는 북의 가톨릭 신자 가운데 전후 최초로 바티칸을 방문하는 기록을 세웠으며, 교황 '요한 바오로 2세'를 직접 알현하였다. 이들 부부는 며칠 후 또다시 이북의 가톨릭 역사에 기록될 만한 주인공이 됐다. 교황청의 특별 배려와 북측의 승인을 받아 박덕수, 홍도숙 부부는 로마에 계속 남아 신학을 공부하게 된 것이다.

홍도숙의 남편인 박마르코는 신학교를 다니고 부인 홍테레사는 남편의 유학을 뒷바라지했다. 박마르코는 교황청에서 설립한 '우르바노 대학교'에 입학해 공부하였다. 하지만 북 최초의 가톨릭 사제가 되기 위한 과정으로 입학한 것은 아니었다. 이들은 여러 가지 사정으로 입학한 지 채 1년이 안돼 본국으로 돌아가고 말았다.

북은 자주성에 민감하기 때문에 남측이나 외국 출신 사제를 임명하기는 쉽지 않다. 북측 토종 신자 중에 사제 후보생을 뽑아 서품 받게 하는 방법밖에 없다. 그 후 지금까지 북측 신자가 가톨릭 신학교에 입학한 사례는 공식적으로 보이지 않고 있다.

20.　평양세계평화센터와 통일교

통일교의 대북사업

　통일교(가정연합)는 종교이자 기업이고 기업이면서 종교이다. 때로는 이 두 가지가 종교적 사상과 이념 아래 혼합 양상을 보이면서 인류사회를 상대로 매우 특이한 목표를 추구하는 그룹이다.

　'국제승공(勝共)연합'이라는 기구는 1968년 문선명 총재에 의해 창설되었는데, 통일교는 이 기구를 앞세워 반공 교육과 포교 활동을 병행해왔다. 통일교는 보수적인 한국 기독교로부터 이단 사이비 종파라는 비난을 받으면서도 '반공'이라는 큰 틀 안에서는 보수 기독교와 하나가 되는 '적과의 동침' 시절도 있었다.

　그러던 통일교는 1990년대 들어 갑자기 인류의 보편적 가치인 '평화', '사랑', '가정행복' 등을 기치로 내걸기 시작하였다. 이때부터 문총재가 특별히 공을 들인 지역이 바로 이북이었다.

1990년대 들어 통일교는 활발한 대북사업을 펼치기 시작한다. 통일교의 대북사업은 이런 보편가치를 추구하는 의미에서 북을 상대로 경제적 이득을 가져다주는 사업에만 몰두하기보다 남북관계의 물꼬를 트고 가교 역할을 하는 데 더 주력해왔다. 또한 남북통일이 현실로 이루어질 경우를 대비해 교두보를 확보하고 기득권을 확충하는 동시에 종교적 목적을 실현하려는 취지에서 대북사업을 벌여왔다.

20.1___평화자동차에서 생산한 '휘파람' 승용차를 선전하는 광고판.

그동안 통일교의 대북 투자 가운데 핵심사업은 '평화자동차'와 '보통강호텔' 운영이었는데, 2012년 무렵 두 회사를 북측에 양도했다. 그동안 통일교는 10여 개의 현지법인을 북에서 운영해왔다. 두 기업의 운영권을 북에 넘긴 것은 문선명 총재의 유지로서, 문총재의 타계(2012.9.3.)를 맞아 이를 실천한 것이다. 통일교는 문총재의 운명을 계기로 새로운 사업 구상을 통해 제2의 도약을 꿈꾸고 있는 것으로 보인다.

통일교가 북에 진출하게 된 계기는 1991년 말에 이루어진 문선명 총재와 김일성 주석 사이의 회담이었다. 문총재는 평양을 방문해 김일성 주석과 단독회담을 갖고 남북교류합의서에 서명해 모두를 깜짝 놀라게 했다.

그렇게 시작된 양측의 핫라인은 최근까지도 작동되고 있는 것으로 추측된다. 김대중 대통령의 방북과 노무현 대통령의 방북 과정에도 문총재 측의 핫라인이 일정부분 역할을 하였다. 1994년 김일성 주석이 타계하자 문총재는 남측의 국가보안법을 어기면서까지 자신의 최측근인 박보희 회장을 평양에 조문사절로 보냈다. 2012년 문총재가 타계했을 때는 김정은 위원장이 조화와 조의문을 보냈고, 북 최고인민회의에서 문총재에게 '조국통일상'을 수여하였다.

통일교의 대북사업은 오랜 시간 일관성 있게 추진돼온 것이 특징이다. 심지어 남북관계가 원만하지 않았던 문민정부 시절에도 평양 시내 보통강호텔을 인수하고 펜션 식의 '안산관호텔' 운영에 착수하였다.

통일교 포교 현장을 가다

대부분의 한국교회와 기성 종교로부터 줄곧 이단종교로 비판받아온 통일교는 그 공식명칭의 변천사도 굴곡이 많았다. 1954년 문선명 총재에 의해 창설된 통일교는 교단 명칭을 '세계기독교통일신령협회'로 출범하였다. 그 후 2009년부터 '통일교'라는 명칭으로 바꾸어 사용하다가, 2013년부터는 '세계평화통일가정연합'이라는 명칭을 사용하기 시작하였다.

필자가 방북 중 들은 이야기들 가운데 가장 놀라운 것은 북측에서 통일교를 진짜 정통 기독교로 알고 있다는 사실이었다. '고난의 행군' 시기와 그 이후 북이 사회적으로 큰 어려움을 겪을 때 통일교는 보건, 복지, 식량 등을 꾸준히 지원해주었다. 뿐만 아니라 통일교가 여러 가지 대북사업을 통해 북 경제에 큰 기여를 하고 있기 때문에 많은 사람들이 고마운 마음을 간직하고 있다.

기독교를 접할 기회가 많지 않았던 북측은 이런 이유 때문에 통일교를 '참된 기독교', '고마운 기독교', '행동으로 실천하는 기독교'로 알고 있는 것이다. 또한 통일교가 운영하던 '평화자동차'와 '보통강호텔' 을 북측에 양도하는 바람에 통일교에 더욱 호감을 갖게 되었다.

통일교는 기업 부문과 종교 부문의 사업 영역을 계속 넓혀왔다. 그 과정에는 북측의 국가 차원의 특별한 배려가 바탕을 이루고 있다. 그 모습을 지켜보면 마치 북측과 통일교가 공생하는 모습으로 비치기까지 한다.

통일교가 북에서 직영하거나 간접경영(합작경영)하는 기업의 최종 목적은 무엇일까. 그것은 종교적 목적 실현을 위한 하나의 과정에 불과하다. 통일교의 대북사업 기업들도 통일교 전체의 근간이 되는 문선명 총재의 '원리강론'을 통해 실현되는 지상천국의 건설에 목표가 있는 것이다. 북에서 운영되는 통일교 기업들은 결국 통일교의 교세

20.2_____ 평화자동차와 더불어 통일교 대북투자 핵심사업의 하나인 보통강호텔.
두 회사 모두 2012년 북측에 양도되었다.

확장과 포교를 위한 지원세력임을 부인할 수 없다.

북에는 이미 통일교 포교의 전초기지가 굳건히 세워져 있다. 그 중심은 평양에 세워진 통일교 공식교회당 '평양 가정연합교회'이다. 예배당이 입주해 있는 '평양세계평화센터'와 평안북도 정주에 있는 '세계평화공원'도 포교 활동을 위한 베이스캠프의 역할을 맡고 있다.

북 포교의 전초기지
'평양세계평화센터'

북은 남한교회나 서방세계 교회들이 주도해 교회를 지으려 할 경우 쉽게 허락하지 않았다. 그럼에도 불구하고 통일교가 요구하는 부분은 북측이 거의 다 수용한 것을 볼 수 있다. 돈과 권력과 유능한 인적자원을 동원한 통일교의 협상 능력에 혀를 내두르지 않을 수 없다.

통일교는 특급호텔인 보통강호텔을 확보한 데 이어 고급 펜션 식의 안산관호텔과 안산관 식당을 운영하기 시작하였다. 거리가 지척인 보통강호텔-안산관호텔-안산관을 연계해 운영해왔다. 여기에 더해 보통강호텔 바로 코앞에 '평양세계평화센터(이하 평화센터)'를 건립하였다.

평화센터는 통일교측이 북측의 '아태평화위원회'에 건축을 제안해 성사되었다. 1997년에 터파기가 시작되었지만, 김일성 주석 조문

파동과 남북관계의 경색 등 우여곡절을 겪으며 10년 만에 완공되었다. 통일교 계열 건설회사인 '평화토건'에서 시공하였는데, 남측 기술자들이 평양에 가서 직접 건설한 최초의 복합건물이다. 동시에 남측 법인이 북측 영토에서 건물이 완공된 후 운영권을 맡은 첫 사례로 기록되었다.

평화센터는 초현대식 컨벤션센터의 기능을 갖추고 있다. 통일교측은 남북의 가교 역할 및 남북관계를 주도하기 위해 이 같은 건물을 구상하였다. 또한 이산가족 상봉 장소로도 제공하고, 세계적인 과학자 등을 초빙해 전문 인력을 양성하거나 평양 시민들을 위한 외국어, 컴퓨터 교육장으로 활용할 계획이었다.

이 건물 3층에는 대규모 통일교 예배당이 입주해 있다. 건물의 겉모양은 종합문화센터의 성격이지만, 결국 평화센터라는 이름의 통일교 교회당이었던 셈이다. 평화센터 3층에 '평양 가정연합교회'가 들어서면서 통일교의 본격적인 대북 포교 시대가 열리게 되었다

20.3____평양세계평화센터.
3층에 통일교 '평양 가정연합교회'가
입주해 있다.

평화센터 준공식에는 남측에서 100여 명의 통일교 지도자들이 참석하였다. 그들은 준공식 일정에 맞춰 방북단을 꾸려 참석한 것이다. 준공식 행사를 마친 남측 방문단 전원은 오후 시간을 이용해 왕복 다섯 시간이 소요되는 평북 정주의 문선명 생가를 다녀왔다.

북 당국과 통일교 측은 문총재가 태어난 생가를 복원해 방문객을 맞이하는 프로젝트를 추진 중이었다. 생가 주변 약 30만 평의 땅은 '세계평화공원'으로 지정되었고, 생가는 이미 성역화 작업이 완료되어 통일교 성지순례단이 찾는 코스가 되었다.

이처럼 북에서 교세를 확장하기 위한 통일교의 전략과 정교한 계획은 하나씩 실현되고 있다. 통일교의 막강한 북 진출 사업들은 통일교의 종교적 목적 실현을 염두에 둔 하나의 과정이며, 교리내용의 변화가 아닌 포교 형식의 변화에 불과하다.

10-11쪽
2013년 완공된 창전거리 아파트 단지.

12-13쪽
평양 시내 한복판에 자리한 류경호텔.
1987년 착공한 이 호텔은 공사가 여러 번
중단되는 우여곡절 끝에 외장공사가
마무리되었지만 아직 문을 열지는 못하고
있다. 2018년 들어 LED 장식으로
평양의 밤을 밝히기도 했다.

14-15쪽
창광원은 하루에 1만 6천 명을 수용하는
위생문화 공간이다. 물놀이장, 수영장,
목욕탕, 미장원 등의 시설을 갖추고 있다.
헤어스타일을 보면 이북 여성들이 점차
유행에 눈떠감을 알 수 있다.

16-17쪽, 198-199쪽, 322-323쪽
10만 명이 참석하는 대규모 집단체조
〈아리랑〉 공연의 한 장면. 올 9월 5년 만에
재개된 공연(〈빛나는 조국〉)에 문재인
대통령이 참석해 평양시민 앞에서
대중연설을 하였다.

126-127쪽
주체탑 전망대에서 북쪽 릉라도 5월1일
경기장 쪽을 바라본 풍경. 앞쪽에
동평양대극장, 해당화관,
김일성화김정일화전시장 등이 보인다.

128-129쪽
평양의 대표 호텔 가운데 하나인 고려호텔
연회장.

130-131쪽
평양에 건설한 대규모 신시가지 중의
한 곳인 광복거리 아파트 앞을 궤도전차가
달리고 있다.

132-133쪽
평양 지하철 혁신선의 건설역 승강장.

194-195쪽
평양 릉라도에 위치한 종합운동장으로
15만 명을 수용한다고 한다. 2015년에
시설을 보수하고 재개장하였다. 〈아리랑〉,
〈빛나는 조국〉 같은 집단체조가 이곳에서
열린다.

196-197쪽
평양학생소년궁전 극장 공연의 한 장면.
평양학생소년궁전은 1963년 건립된
학생들의 과외활동 중심기관이다.

200-201쪽
음악 발표회를 선보이고 있는 김정숙탁아소
어린이들.

258-259쪽
평양 통일거리 입구의 조국통일 3대헌장
기념탑. 남과 북의 여성이 한반도 지도를
높이 쳐들고 있는 모습을 형상화하였다.

260-261쪽
장충성당 신자들이 부활절 미사를
드리는 모습.

262-263쪽
고구려 불교가 매우 융성했음을
입증해주는 평양 정릉사.

264-265쪽
백두산 천지호반에 자리한 종덕사 터를
겨울철에 올라가려면 장백폭포 방향으로
올라가야 한다. 그러나 폭설 등으로
겨울철에는 산행로를 폐쇄한다.

321쪽
세계 정상급 수준을 자랑하는
평양교예단원의 공연 모습.

324-325쪽
거대한 꽃밭을 연상시키는
군중대회의 한 장면.

27쪽, 30쪽, 36쪽, 43쪽, 51쪽, 54쪽 아래,
66쪽 위, 66쪽 아래, 85쪽, 91쪽, 99쪽, 104쪽,
110쪽, 115쪽, 119쪽, 139쪽 아래, 145쪽 위,
151쪽, 152쪽, 153쪽, 182쪽, 206쪽, 211쪽,
214-215쪽, 218쪽, 221쪽, 224쪽, 227쪽,
231쪽, 232쪽, 245쪽, 246쪽, 253쪽,
260-261쪽, 264-265쪽, 270쪽, 273쪽,
278쪽, 281쪽 위, 281쪽 아래, 286쪽, 292쪽,
296쪽 위, 296쪽 아래, 299쪽, 300쪽, 304쪽,
309쪽, 319쪽, 324-325쪽 ― 최재영

14-15쪽, 88-89쪽, 126-127쪽, 128-129쪽,
130-131쪽, 176-177쪽, 194-195쪽,
196-197쪽, 200-201쪽 ― Oliver Wainwright

22쪽, 40쪽, 54쪽 위, 65쪽, 70-71쪽,
132-133쪽, 228쪽, 240-241쪽, 284-285쪽,
306쪽 ― 우리투어

10-11쪽, 16-17쪽, 102쪽, 139쪽 위,
198-199쪽, 258-259쪽, 313쪽 ― Laika_ac

12-13쪽, 173쪽, 190-191쪽 ― calflier001

25쪽 ― jennybento

46-47쪽, 170쪽 ― Uwe Brodrecht

52-53쪽 ― 魯班

57쪽 ― 조선관광안내도 화보

61쪽, 193쪽, 321쪽 ― Clay Gilliland

80쪽 위, 80쪽 아래 ― 위키피디아

105쪽, 188쪽 ― Nicor

140쪽 ― Topolinochamp

142쪽 ― Mark Fahey

145쪽 아래, 169쪽 ― Roman Harak

146쪽 ― Mark Scott Johnson

155쪽 위 ― 東京のエビフライ

155쪽 아래 ― Raymond Cunningham

160-161쪽 ― Bjørn Christian Tørrissen

167쪽 ― Gilad Rom

184-185쪽 ― stephan

208쪽, 322-323쪽 ― Kok Leng Yeo

262-263쪽 ― Sgnpkd

276쪽 ― Lazyhawk

289쪽 ― John Pavelka

316-317쪽 ― MT2013